Why型思考トレーニング

自分で考える力が飛躍的にアップする37問

Isao Hosoya
細谷 功

PHP
Business Shinsho

PHPビジネス新書

増補改訂版 はじめに ～ＡＩ時代とＷｈｙ型思考～

本書は二〇一〇年の八月に初版が刊行された『「Ｗｈｙ型思考」が仕事を変える』（ＰＨＰビジネス新書）の増補改訂版です。その後一四年近い月日を経て増補改訂版を出版するに至り、「変わったこと」と「変わらないこと」がありました。「はじめに」では、それらを整理した上で、改めてこの増補改訂版を読む読者のために補足を加えたいと思います。

増補改訂版出版に際しては、オリジナル版を極力活かしながら、時代の変化などにしたがってどうしても補足が必要な部分のみ注釈をつけるというアプローチにしましたが、その辺りの補足も含んでいます。

◆変わったことと変わらないこと

一四年前から今までに起こったことを考えてみましょう。まず私たちは東日本大震災やコロナ禍《か》などの大規模な「災害」を経験しました。また、気候変動や地政学リスク、具体的にはウクライナ戦争やイスラエルでの紛争《ふんそう》といった国際情勢の変化も、先が読めないＶ

UCAと呼ばれる時代に拍車《はくしゃ》をかけています。

さらにデジタル技術やバイオ技術を中心とするテクノロジーが世の中や私たちの日常生活を大きく変化させています。特にスマートフォンやSNSを中心とするデジタル技術による社会の変化、いわゆるデジタルトランスフォーメーション（DX）は何気《なにげ》ない日常生活を少しずつですが確実に変化させています。今では私たちは何をするにも「スマホが中心」となりました。ふと電車の中で周りを見れば、ほとんどの人たちがスマホを見ている（さらにその大部分の人たちがSNSを見ている）というこの光景は、スマホが本格的に普及し始めた二〇〇八年以降の一五年間で進展したことです。

さらに「次の一五年」を考えてみれば、恐らく今スマホやSNSでやっているかなりのことは（ウェアラブルコンピュータやメタバース、あるいは自動運転車といった）「次のプラットフォーム」へと移っていくことも十分に考えられるでしょう。

このような環境変化下において「変わらなかったこと」は、『「Why型思考」が仕事を変える』でのキーメッセージでもあった「**自《みず》ら考えることの重要性が増している**こと」です。従来の安定期に求められた、過去の知識や経験をいかに蓄積するかを期待される「受動的知識・経験型」の価値観やそのための教育から、変革期に求められる、時代の変化に柔軟に対応して自ら能動的に挑戦していくための「能動的思考力」へと重心が移りつつあります。したがって、本書の重要性も当時と何ら変わることはなく、むしろその重要性は増していると言ってよいかもしれません。

では、逆に「変わったこと」は何でしょうか?

一つ大きな要因として挙げられるのは、自ら考えることへの最大の脅威と呼べるものが「ネット検索」から「AI」へと変化しつつあることではないでしょうか。ChatGPTに代表される生成AIは二〇二二年末頃より急速に民主化して一気に億単位のユーザーに普及することとなりました。

「何でも調べられる」検索エンジンは、当時から多くの人の思考を停止させる方向に向けたことは間違いないでしょう。**「考えなくても何とかなる」世界というのは、裏を返せば「考えている人と考えていない人の差を広げて残酷な二極化を生み出す」世界とも言えます**。様々な国々で貧富の差が拡大する二極化が進展していますが、その原因の一つがここにあるとも考えられます。「目に見えない」金融やデジタル技術がこれまで以上に「目に見える」物理的な世界を支配する世の中では、目に見えない抽象《ちゅうしょう》概念を操るための思考力を発揮するかしないかで大きな差がついてしまうのです。

このような「残酷な二極化」をさらに加速させるとともに、人類を全く違う次元へと導いていくと考えられるのがＡＩの飛躍的な発展と普及です。「何でも調べられる」検索エンジンから「何でもまとめて答えを出してくれる」ＡＩへの変化は人類の思考停止をさらに加速させる一方で、万能のＡＩを使いこなす人の能力にさらにレバレッジをかけていくことになるでしょう。

◆問題発見の重要性

そこで**特に重要となってくるのが「問いを立てる力」、言い換えれば問題発見の力**です。

問題発見とは、仕事や日常生活に必要な問題解決の上流に位置するもので、「そもそも何が問題なのか？」を考えるための能力です。「ＡＩが何でも答えてくれる」世界においては、受動的に「与えられた問題に解決策を示す」問題解決の能力は次々にＡＩが人間を凌駕《りょうが》していくことになるでしょう。そんな時代には、**「そもそもＡＩに何の問題を解かせるのか？」を考えることが人間にとって重要**になります。それはＡＩと人間との能力比較の問題ではなく、ＡＩと人間との役割分担の問題だからです。

技術的には、早晩《そうばん》、「そもそもの問題を発見する」こともＡＩは人間よりうまくなるかもしれません。ただし、ＡＩが人間の課題を解決するためのツールというスタンスを維持する限り、「どちらがうまくできるか？」ではなく「どちらの問題を解決するためにＡＩが存在するのか？」という話になるのです。

ＡＩに言われたままに生きることを望むのであれば、ＡＩが発見した問題をＡＩが解決し、ＡＩに言われるままに生きるのが人間の歩んでいく道になっていくことでしょう。このような道を歩みたい人も中にはいるかもしれませんが、大多数の人は自らの選択した人生を歩みたいと思うのではないでしょうか。そうなれば「そもそも何を解決すべきか」は人間が考えることが必須になります。そのような場合に必要になるのが能動的思考力、とりわけ人生の目的そのものを問うＷｈｙ型思考力になることでしょう。

◆「具体と抽象」とＷｈｙ＆Ｈｏｗ型思考

その他、著者自身の著作活動に関しての「その後に変わったこと」として、「具体と抽象」の視点を中心に据《す》えて思考力の解説を展開してきていることが挙げられます。もちろん本書のオリジナル版のＷｈｙ型思考のエッセンスもそれを踏まえたものではありますが、あえて「具体と抽象」という言葉や考え方を前面に出したものではありませんでした。

近年では明確に、Ｗｈｙ（なぜ？）を手段という具体から目的という抽象への関係づけをする疑問詞であると位置づけると同時に、その逆の目的（抽象）から手段（具体）への疑問詞をＨｏｗ（どうやって？）と位置づけて、これらが思考のために特に重要な疑問詞であるというメッセージを出しています。

Ｗｈｙという疑問詞は、抽象化という思考力の代表的な行為のための疑問詞として、「他の４Ｗ」（いつ？、どこで？、誰が？、何を？）とは決定的に違う位置づけのものであり、使いこなす難易度も高い代わりにその「ご利益《りやく》」も圧倒的に高いものと言うことができるでしょう。

最後に、本書でたびたび登場する上司と部下の関係に関しても近年変化が生じました。社会的に「様々な」ハラスメントへの感度が格段に上がったことで、「パワハラまがい」の言動にはこれまで以上に慎重である必要があります。本書でも一部「熱血上司」が登場しますが、今では下手をすると「パワハラ上司」になりかねません。当該箇所に関しては注釈をつけましたので、読者の皆さんはその辺りにご留意の上、お読みいただければと思います。

併《あわ》せて、ジェンダーに関する意識の変化から、例えば「営業マン」「そのままくん」「なぜなぜくん」という言葉にも違和感を覚える方もいるかもしれませんが、あえて表記そのものは当時のままとしておりますので、その辺りもご了承いただければと思います。

◆演習問題の追加

本増補改訂版の発刊に当たっては、オリジナル版に加えて各章に演習問題を追加しています。また、本文は、当時の一貫性を保つという観点から、基本的にあえてオリジナル版を変更しないままで、読者自身で考えてほしい部分を二五問の演習問題という形で明確にしました。その結果として、追加分と合わせて三七問の演習問題という形にするとともに、タイトルも『Ｗｈｙ型思考トレーニング』と変更しました。

Ｗｈｙ型思考は日々の生活で常に意識しておくことで使う場面がいくらでも想定できる考え方です。そのためには身近な話題で常にその思考回路を起動する習慣づけが必要になります。そのためのヒントとなるような問題を追加しましたので、さらに日常生活で意識的にWhy型思考を活用することにつなげていただければと思います。

さて、AI時代に皆さんはどんな未来を描くでしょうか？　このような大きな変化が起きていく時代にワクワクする人と不安に感じる人がいるでしょう。実際にここには両方の可能性がありますが、これを「ワクワク」に変えるヒントが本書には含まれていると思います。ぜひ明るい未来への指針として本書をご活用ください。

二〇二四年二月

著者

はじめに（オリジナル版）

「もっと考えて仕事をしろ！」「少しは頭を使え！」

恐らく日本中の上司と部下の間で交《か》わされる言葉のトップ3に入るのではないでしょうか。日本中でこれらの言葉が一体一日に何回飛び交っているのか。簡単に推定してみましょう。

日本の就業人口を約六〇〇〇万人として、上下関係のある（二人以上の）何らかの組織で仕事をしている人が八割とし、それらのほとんどが何らかの形で「部下」である（社長以外は全員と考えればほとんど全員）とします。一日三回以上言われる人もいれば、一度も言われたことのない人もいると思いますが、平均して、一人の部下が三日に一度これらの言葉を言われていると仮定すると、実に一日一〇〇〇万回以上もこのやりとりが日本のどこかでされていることになります＊。

では**「考える」**とか**「頭を使う」とは具体的にどうすればいいのか？** 意外にこの問いに明確に答えられる人はいないのではないでしょうか。冒頭の言葉を発している上司自身

＊増補改訂版注：ちょっと大袈裟な気もしますが、とにかくあらゆる場面でという文脈から外れないレベルであることは間違いないでしょう。

でさえ、「じゃあ具体的にどうするの？」に対して明確に相手に説明できる人は少ないのではないかと思います。そうであれば、言われた部下のほうはさらにこれを実行することは不可能でしょう。この一日一〇〇〇万回以上も起こっている疑問に対するヒントを提示するのが本書の目的です。

「考えること」「頭を使うこと」を具体的に示すために本書では二つの工夫を凝《こ》らしました。一つ目は「考えていないこと」「頭を使っていないこと」との徹底的な比較によって「考えること」「頭を使うこと」の特徴をあぶり出すことです。そのためのものの考え方を本書のテーマである「Ｗｈｙ型思考」と名づけ、その対極としての思考停止型の「Ｗｈａｔ型思考」（「思考」と名はついていますが、要は思考停止の状態です）との比較によってそのイメージを伝えたいと思います。本書ではＷｈｙ型思考の人を（文字通りの語源から）「なぜなぜくん」、Ｗｈａｔ型思考の人を（言われたことを何でも「そのまま」実行することから）「そのままくん」と名づけ、これら二人の行動パターンを対比していきます。

もう一つの工夫は、著者自身実際のビジネスの現場で日々を過ごしている人間として、単なる哲学ではなく具体的に、Ｗｈｙ型思考を実践するための解説を加えたことです。上記の比較をビジネスの現場で起こっている具体的な場面に即して「考えること」による仕事のやり方の変化を示し、これによって冒頭の疑問への説明を試みています。

読んで字のごとく**Why型思考の基本となるのは、ありとあらゆる物事に対して「なぜ？」と問いかけること**です。「なぜを五回繰り返せ」という言葉を代表として、「なぜ？」と理由を問い続けることによって本質を追究せよということはこれまでも幾多《いくた》の先人によって繰り返し繰り返し説かれてきた、ある意味で当たり前のことです。では、なぜあえてまたその古典的アプローチに挑《いど》むのか？　それはあまりに根本的・基礎的な概念であるがゆえに実行が難しいからです。本書はそれに対して先の二つの視点によるヒントを提示したいと思います。

今私たちの周囲を見渡してみれば、**日本のビジネス界には「WhyなきWhat病」が蔓延《まんえん》しています**。ここで言うWhatとは、実際に起きている事象《じしょう》や目に見える状況そのものであり、Whyとはそのための理由や真の原因、あるいは物事の哲学やポリシー、そして本質といったものです。

具体的な例を挙げれば、さしたる理由もないのに「前年並み」に計画・執行される予算、「行き先」だけは決まっていても何を得るために行くのかが不明確な「視察旅行」、実態にそぐわないのに「規則通り」に行動することしかできないマニュアル人間、お客様から言われた要求を「そのまま聞くだけ」の御用聞き営業マン、「以前にやってうまくいかなかったから」という理由で部下の提案を一蹴《いっしゅう》する上司、「言われたことだけ」こなす気の利《き》かない部下、形式は整っているものの「魂の込もっていない」企画書、自分の会社の都合や商品のよさだけをアピールする「オレオレプレゼン」、分厚さだけは立派だが「メッセージ」のない資料……等々挙げ出したらきりがありませんが、これらは全て「WhyなきWhat病」が根本にあります。

これは何もビジネス界に限った話ではないでしょう。

何十年も「そういう決まりだから」という理由で存続している制度や、環境変化に適応できていない「縦割り行政」、出席率だけはいいものの目的意識の希薄《きはく》な学生、試験で高得点を取ることが目的と化した受験勉強など、ビジネス界以外でも「WhyなきWhat病」の事例には事欠かないのではないかと思います。

二〇世紀の日本には「欧米」という手本があり、ある程度決められたことをいかに正確かつスピーディに実行するかが求められてきました。そのための教育もひたすら与えられた正解を暗記するという「What型」のものでしたが、私たちを取り巻く環境は変化し、それだけで乗り切れる時代ではなくなってきました。

イノベーションについて語られた古典的名著にクレイトン・クリステンセンの『イノベーションのジレンマ』(翔泳社)があります。そこで語られている重要なキーメッセージは、「一時代を築いた革新的イノベーションは次世代には負債《ふさい》になりうる」ということです。戦後の繁栄を築いた日本の成功要因が教育システムにあったことは論をまたないことですが、下手をすると今それが強力な負債ともなりかねない事態になっています。それはその産物が大量のWhat型思考の「そのままくん」、しかも「とびきり優秀なそのままくん」であったからです。

今や新興国の追い上げに対して真っ向から対抗しなければいけない立場となった日本は、ますます進む超高齢化という大問題を抱え、何とか大きなモデルの転換を図《はか》らなければなりません。そのためにまず必要な「思考回路の転換」の一つが「What型思考から**Why型思考への転換**」ということだと思います。

ではどうすればWhy型思考に変われるのでしょうか？　Why型思考とは要するに物

事を自分でよく考えるということです。ではこの「考える」とはどういうことなのでしょうか？　その代表的なアプローチが、ありとあらゆることに「なぜ？」という突っ込みを入れることです。

少なくともこれまでの日本の社会では、「いい年をして」なぜなぜと質問する人は煙《けむ》たがられる存在だったのではないでしょうか。ただし今はこうした**「子供じみた質問」こそが求められている**のではないかと思います。

今必要なのは正解をインターネットから見つけてきて「コピペ」することではなく、簡単に収集可能になった情報を基《もと》にして「考えること」です。考えている人と考えていない人の差というのは、突き詰めていけばたったの「ひらがな二文字分」しかありません。つまりそれが「なぜ」という言葉に集約されるということです。

著者である私自身、生まれながらにしてＷｈｙ型思考の人間だったわけではありません。むしろ受験時代や社会人になってからの数年間まではＷｈａｔ型思考の強い人間でした。完全にＷｈｙ型思考に変わったのはコンサルティングの世界に入った三〇代になってからという、むしろ「遅咲き」の部類に入るでしょう。

しかしだからこそ、両方の立場を理解でき、どうすれば変われるのか、そして変わったときにいかに「世界が変わって」見えるか、そしてそれがどれだけ役に立ち、すばらしく楽しいことか（ときに厄介《やっかい》なこともありますが）といったことが、はじめからＷｈｙ型思考だった人よりうまく語れるのではないかと思っています。

万人《ばんにん》に全く同じように起こっているはずの事象がＷｈａｔ型思考の「そのままくん」とＷｈｙ型思考の「なぜなぜくん」とでは一八〇度違った世界に見えています。本書によって一人でも多くの読者の方が「Ｗｈｙ型思考」に目覚め、「世界が変わって見える」経験をし、それによって一つでも二つでも身の回りの変化を起こしていただければ、本書の目的は果たされたことになるでしょう。

本書を日本全国の上司と部下に贈ります。そして数年後の生まれ変わった「なぜなぜくん」がＷｈｙ型思考を駆使《くし》して世界をリードしていることを祈っています。

二〇一〇年七月

細谷　功

Why型思考トレーニング
自分で考える力が飛躍的にアップする37問

目次

第1章 イントロダクション
――あなたは「そのままくん」か「なぜなぜくん」か？

第2章

職場にはびこる「WhyなきWhat病」

第3章

Whｙ型思考とは何か？

第4章 WhatとWhyを切り分ければ「世界が変わって見える」

第5章 Ｗｈｙ型思考のビジネスへの応用例

第6章 「そのままくん」の原点はWhat型教育にあり

第7章 Why型思考を鍛えるために

第8章 Why型思考の「使用上の注意」

第1章

イントロダクション

――あなたは「そのままくん」か「なぜなぜくん」か？

まずは本書のイントロダクションとして、Ｗｈａｔ型思考の「そのままくん」とＷｈｙ型思考の「なぜなぜくん」はどういう行動特性の相違があるかについてのチェックをしてみましょう。読者自身でも、あるいは読者の周りの方々でも構いません。現状を確認した上で、次章以降でその原因のメカニズムを解明し、Ｗｈｙ型思考への具体的な道筋を紹介するための第一歩にしたいと思います。

◆「そのままくん」と「なぜなぜくん」の違いとは？

次ページのチェックシートを見て、あなたの行動パターンから思考回路がＷｈｙ型の「なぜなぜくん」なのかＷｈａｔ型の「そのままくん」なのかをチェックしてみましょう。一〇の項目に対してどちらに当てはまるかを答えていただくことで、簡単なチェックができます。

いかがでしたでしょうか。あくまでも目安ですが、三項目以上Ｗｈａｔ型のほうが当てはまるとすると、あなたはＷｈａｔ型の「そのままくん」の思考回路になっている可能性があると言えるでしょう。

表1-1　あなたのWhy型思考度セルフチェック

	What型思考（そのままくん）	Why型思考（なぜなぜくん）
1. 現状は…	踏襲する	否定する
2. 規則は…	守るためにある	「打ち破る」ためにある（「守らない」ではない）
3. 資料は…	厚いほうがよい	薄くてもよい
4. 他者（社）の事例は…	真似するためにある	真似しないためにある
5. 過去の成功経験は…	そのまま再現しようとする	今使えそうな形にアレンジして使う
6. 過去の失敗経験は…	二度とやらない	今は成功するのではないかと考える
7. 言われたことは…	そのままやる	「押し返す」（理由を考える）
8. 選択肢は…	一つあれば安心する	常にもっといいものを探す
9. 「問題解決」とは…	与えられた問題を解く	問題を発見・定義して解く
10. 質問をするのが…	不得意である	得意である

では、一つひとつの項目を解説して、Why型思考の概要についてイメージしてもらうことにしましょう。

まずは簡単に〝What〟と〝Why〟の違いを説明します。**Whatとは、目に見えるカタチになったもの、たとえば物理的な「モノ」であったり、形式化されて保存されている情報や知識であったり、あるいは私たちの具体的な一つひとつの行動といったもの**です。これに対して**Whyというのはカタチに表れたWhatの背景にあるココロ、つまり目に見えない理由や背景**とでも言うものです。これらのどちらを重視して物事を考えるかによってWhy型とWhat型の思考回路に分かれます。

それでは先ほどの各質問の意図を解説していきましょう。

質問1・2　現状は踏襲《とうしゅう》するためにあるか、否定するためにあるか?
規則は守るためにあるか、それとも「打ち破る」ためにあるか?

What型思考のそのままくんは常に「今あるもの」を中心に物事を考えます。今ある規則やルールは律儀《りちぎ》にそれを遵守《じゅんしゅ》することを常に最優先で考えます。いわゆる「マニュアル人間」というのもWhat型の発想から来ます。

Why型人間のなぜなぜくんはもっとフレキシブルです。今ある規則やルールには、もともとそれができたときの背景や目的があるはずです。もしそれが**今は違う状況になったのであれば、どんどん今のものを「打ち破って」、さらに新しいものを作り直してしまえばいい**と考えます。マニュアルもその「ココロ」を読んで柔軟に対応します。同じように、仕事でも日常生活でも、「現状」や「前例」というのは必ずしもそのまま踏襲するのではなく、必要であれば否定して変えようと考えます。(→関連箇所第2章2-1)

質問3　資料は厚ければ厚いほうがよいか、薄くても気にしないか？

目に見えるカタチを重視するＷｈａｔ型思考の人には、資料の厚さが重要です。質より量と言ってもよいでしょう。これに対してＷｈｙ型思考の人は、そこに書かれた直接の言葉より、その裏にある「メッセージ」を重視します。資料でも重要なのは「メッセージ」がどれだけあるか、逆に言えば**「メッセージ」のない言葉はたくさん書かれていてもあまり意味がない**とみなします。（↓関連箇所第２章２－１）

質問4　他者（社）の事例は真似《まね》するためにあるか、真似しないためにあるか？

常にもっとよいやり方を考えるなぜなぜくんは、「人真似」が嫌いです。すでにうまくいった他者や他社の事例を見て、それは**なぜうまくいったのかという理由や、もっといいものがないかを考えて、自分流にアレンジしたらそれよりもっといいものができる**はずだと考えます。これに対してそのままくんは、今うまくいっているものを「そのまま」真似しようとします。（↓関連箇所第２章２－１、第４章４－３）

質問5・6　過去の経験を「そのまま」教訓とするか、今の状況を考えてヒネリを入れるか？

質問4の解説にも出てきましたが、「そのまま」というのは、What型の思考を象徴的に表す言葉です。私たちは年齢とともに様々な経験を積んでいきます。これ自体は悪いことではありませんが、経験が豊富になればなるほど、その経験を「そのまま」使おうとする悪い癖《くせ》が出てきます。**昔の成功体験は、今では環境が変化してそのまま使えないかもしれない**のにそれに固執《こしつ》し、**失敗体験についても同様の理由で今はうまくいくかもしれないのに**、「それ前にやったけどうまくいかなかったよ」の一言《ひとこと》でそのアイデアを葬《ほうむ》り去ってしまうのです。（→関連箇所第2章2－1、第4章4－3）

質問7　言われたことをそのままやるか、理由を考えて一度「押し返す」か？

常に物事の理由を考えるWhy型の人が取る行動パターンがこれです。たとえばあなたは上司から言われたことを「そのまま」引き受けてやり始めるでしょうか。それとも一度立ち止まって、「何のためにそれをやるのか?」ということを考えるでしょうか。Why型人間は、必ずその**真の背景や理由に迫**《せま》**るために一度その質問を相手側に「押し返し」ます**。一度押し返して背景に迫った後でもう一度最適な実現手段を考えてみれば、それはもしかするとはじめに言われたものと異なっているかもしれないのです。(↓関連箇所第5章5-1)

質問8　選択肢は一つで安心するか、複数想定して常にもっといいものを探すか?

基本的にWhat型の人というのは常にたった一つの「正解」を求めます。したがって一つの選択肢があればそれで安心してしまいます。これに対してWhy型の人というのは、その選択肢が生まれた背景や目的を満足させるための**複数の選択肢を考えて、その中から最善のものを選ぼうとします**。たとえばお店でものを買うときに店員さんから何か勧められたような状況や、逆にお客様からある製品が欲しいという「指名買い」が入ったような状況を想定してみればいいでしょう。(↓関連箇所第5章5-1、5-3)

質問9　問題解決とは与えられた問題を解くことか、自分で発見・定義してから解くことか？

Ｗｈａｔ型思考の人の問題解決は、常に問題を与えられることがきっかけとなってスタートします。これに対してＷｈｙ型思考の人は「そもそも問題そのものが間違っていないか？」ということを常に問いかけて、**真の問題を「発見・定義し直す」**ことに重きを置きます。Ｗｈｙ型思考の人にとっては、真の問題が見出され、明確に定義されてしまえばそれは解けたも同然なのです。（→関連箇所第6章6－1、6－3）

質問10　質問するのが得意か不得意か？

何でこれがＷｈａｔ型とＷｈｙ型の違いと関係あるのかと思われたかもしれません。もちろん質問にも「Ｗｈａｔ型の質問」もあれば「Ｗｈｙ型の質問」もあります。この質問の意図は、「質問する」ということが、できればしないほうがよい恥ずかしいことなのか、どんどん積極的にすべきことなのかという違いです。Ｗｈａｔ型の世界では知らないことは恥ずかしいことです。質問するということは「知らない」ことを意味しますから、できればしないほうがいいわけです。これに対してＷｈｙ型の質問、つまり「なぜ」は「知らない」ではなく、その裏側を探りたいという意図の質問です。**「なぜ」は物事の本質に迫っていく質問であり、Ｗｈｙ型の人はこうした質問が得意で、「考える」という行為の大半はここからスタートします。**（→関連箇所第６章６－３）

「なぜなぜくん」と「そのままくん」の思考回路の違いというもののイメージがつかめましたか？　次章からはＷｈａｔ型思考のそのままくんが職場でどういった問題を引き起こしているのかの事例を紹介した上で、そのメカニズムについて解明していきたいと思います。

第2章

職場にはびこる「WhyなきWhat病」

2-1 WhyなきWhat病とは？

イントロダクションでは、読者の皆さん自身がすでにWhy型思考になっているか、あるいはそれと対極のWhat型思考なのかについてセルフチェックしてもらいましたが、本章ではWhat型思考がもたらす弊害《へいがい》について見ていきたいと思います。

本書の「はじめに（オリジナル版）」で、「WhyなきWhat病」の蔓延についてお話ししました。それを受けてそれら「WhyなきWhat病」とはどういうものかについての具体例を、ビジネスの様々な場面からご紹介したいと思います。

◆WhyなきWhat病その1…「職場の『そのままくん』」

前章でチェックしたWhat型人間、あるいは「そのままくん」というのは、ビジネスの現場ではどういう形で現れるでしょうか。

「そのままくん」の特徴とは、文字通り「そのまま」やることです。具体的には、オフィスには以下のような「人種」が存在します。

- お客様の要求事項（「〇〇（商品名）が欲しい」「貴社の商品は値段が高いので他社に決めた」など）を「そのまま」鵜呑《うの》みにして行動し、失敗の原因もお客様や商品のせいにする「御用聞き営業マン」
- 「この資料、こういうふうに直しておいて」とか「〇〇について調べておいて」という上司からの依頼を「そのまま」聞いてその通りに実行したのに、翌日に「やっぱり違うなあ」と上司に言われて「昨日と言っていることが違います！」と反論する「逆切《ぎゃくぎ》れ部下」
- 規則やマニュアルを何の疑いもなく絶対のものと考えて、イレギュラーな状況に対しても一切《いっさい》の融通《ゆうずう》が利かない「マニュアル人間」
- 部下からの新しい提案を「それ前にやったけどうまくいかなかったからだめだよ」と一刀両断に葬り去る「後ろ向き管理職」
- 他人のうわさやメディアの「裏情報」を「そのまま」信じて、自分なりの意見や見解なしに「そのまま」広める「横流しクン」

- 「それどうしてそうなるの？」という問いかけに「○○さんがそう言っていました」とか「△△にそう書いてありました」と臆面《おくめん》もなく回答する「引用クン」
- 「たとえばこうやってみたら？」と言われたことの「たとえば」がいつの間にか抜けていて、例として言われたことをそのままやってしまう「たとえばクン」

◆Ｗｈｙなきｗｈａｔ病その2…「オレオレプレゼン」

身の回りで行われている会議やプレゼンテーションというのは実は「ＷｈｙなきＷｈａｔ病」の宝庫です。ではここでのＷｈｙとは何か。それは言わずと知れた「目的」です。「会議やプレゼンテーションを目的もなしにやることなんて、そんなにないんじゃないの？」という反応が聞こえてきそうですが、それは大間違いです。

まずは会議です。よくある会議の始まり方として、誰かが作った資料の説明から入るというパターンがありますが、これは一体何のために説明されているのか、聞いているほうが全く理解していない、あるいは出席者によって思惑《おもわく》が違っている状態のままでその説明が進行することがあります。

「決める」ための会議なのか、「情報共有」するための会議なのか、アイデアをとにかくたくさん出すための会議なのか、あるいは何らかの「本番」をにらんだ「リハーサル」のための会議かによって、出席者のレビューするポイントは異なるはずです。出席者の意見が全く異なると思っていたら、実はその原因は本当の意見の対立ではなくて、**異なる目的（Why）を想定していた**からというのがずっと後になってから発覚し、「あれ？　今日はそういう会議だったの？」などという発言が会議の終盤になってから出てくるということもありがちですが、それではその会議は全く意味がなかったということになります。

「今日の目的の確認」から始まる会議はまだましなほうですが、そこで列挙されている目的というのも実は全く目的になっていない（たとえば「〇〇の報告」「××のレビュー」）というのが典型的な「WhyなきWhat病」です。最大の特徴は**「単なるWhatをWhyと勘違いしている」**ことで、ここに気づいていないのが真因です。特に「定例会議」というのが曲者《くせもの》です。毎週会議が自動的に招集されるために「先に会議ありき」になりやすく、「WhyなきWhat病の温床《おんしょう》」と言えるでしょう。

次にプレゼンテーションです。お客様向けや社内向けなど様々なプレゼンテーションがありますが、これも「〇〇について説明すること」とか、「××のよさについてアピールすること」が目的になってしまっているのが非常によく見られます。本当に一番重要なのはそのプレゼンテーションをもって「聞き手にどうして欲しいのか」のはずです。つまりこれがＷｈｙということですが、「単に作ってきた資料を読み上げているだけ」など、いかに**「聞き手不在」のプレゼンテーション**が多いか、よく観察すればいたるところに見られるはずです。

自社や自社商品の「すごさ」をひたすらアピールするという、**顧客不在の「オレオレプレゼン」**というのも典型的な「ＷｈｙなきＷｈａｔ病」と言えます。オレオレプレゼンの特徴は、視点がひたすら「提供者側の論理」になっているということです。その内容が相手にとってどういう意味合いを持ち、商品であれば買い手にとってどういうメリットがあるかなどは一切お構いなしということです。専門家にしか理解できないような商品の技術仕様の競合他社との比較を次から次へと出して、「いかに自社の商品がすごいか」を語っているものの全く聞き手にはアピールできていなかったり、いかに自社に実績があるかを強調するものの、聞いているほうは「それがどうしたの？」という表情がありありといった状態に全く気づかなかったり……といった事例は業界を問わずそこら中にころがっています。

いずれもこれらの特徴は「説明する」ことにばかり集中して、自分の世界に入ってしまっていることです。そんなに「説明がしたい」のなら、アフリカのサバンナにでも行ってシマウマを相手に一人でリハーサル通りに完璧なプレゼンをしてくれれば、しっかり「目的」は果たしたことになるでしょう。何しろ「説明すること」が目的なのですから。

◆Whyなき What病その3…「前例主義」

次に挙げるＷｈｙなきＷｈａｔ病の代表が「前例主義」です。

長い歴史のある会社、保守的なカルチャーを持った会社、「官僚主義」が支配している、あるいは伝統的な事業が中心となっている組織などでものを言うのは、積み重ねられた過去の経験であることは間違いありません。新しいことをやるときにも二言目に出てくる台詞《せりふ》は「それ前にやったことあるのか?」とか「実績あるのか?」といった言葉です。

こうした組織にいる人たちは無意識のうちに、ビジネスに一番大事なことはこれまでに積み重ねた実績とそこから来る信頼だと信じています。これはもちろん間違っていることではありませんが、特に「新しいこと」をやろうとするときにいちいち「前例があるか」「他社はどうしているか」と確認して、過去にないことを葬り去ることは完全な自己矛盾《むじゅん》ということになります。**長年続いていることは、続いていること自身（What）が重要なのではなく、何らかの背景や理由（Why）があるからそうなっている**はずですが、そのことはなかなか実際には意識されていません。

あるいは、予算策定や定期的なイベントの計画など、毎年や毎期に繰り返し同様の計画を立てるようなものについても同様です。なぜか「前年並み」という、実は直接理由になっていない理由が一番説得力のあるものになってしまうのは不思議なことです。

こうなってしまう大きな原因の一つは「それが楽だから」です。「前にやったから」というのは「現象」を言っているだけであって、真の理由ではありません。「なぜ」今までそうやってきたのかを本当に理解している人がどれだけいるでしょうか。でもそれによって何となく責任回避ができてしまうことも、この「WhyなきWhat病」がなくならない要因でもあるでしょう。

「はじめに（オリジナル版）」で述べたように、大きな変革期には今まで「資産」だと思っていたまさにそのことが「負債」になってしまうことはよくあることです。それが**本当に**

資産なのか、今や実は負債になっていることに誰も気づいていないのか、それを解く鍵がWhyにありますが、WhyなきWhat病にかかっている人たちはそれを考えようという問題意識すら持っていないというのが現実でしょう。

◆WhyなきWhat病その4…「成功体験、失敗体験の誤用」

前例主義に関連する「そのままくん」の行動パターンとして、「成功体験はそのまま使おうとし、失敗体験は二度と繰り返さない」というものがあることを、前章のチェックリストのところで説明しました。これを企業という組織に置き換えて考えてみましょう。こういうことは個人よりも集団組織としての企業のほうが実は如実《にょじつ》に表れます。

これを例として示すのに非常にうまい話が『コア・コンピタンス経営』(ゲイリー・ハメル&C・K・プラハラード：日経ビジネス人文庫)という有名な経営書の中に出てきます。「WhyなきWhat病」の具体例を組織の記憶というものに当てはめてものの見事に説明した話で、私も講演やセミナーでよくお話ししているものです。少し長くなりますが以下に引用してご紹介します。

＊　＊　＊

「ある日、友人が猿の実験について話をしてくれた。四匹の猿が部屋の中に入れられた。部屋の中央には高い支柱が置かれ、その先から沢山《たくさん》のバナナがぶら下がっていた。一匹のおなかをすかせた猿がバナナを取ろうとして支柱に登った。やっとバナナに手が届いたそのとき、突然天井《てんじょう》から冷たいシャワーが降ってきた。猿は悲鳴を上げ、バナナを取らないまま支柱を降りた。次々に他の猿もバナナを取ろうと支柱に登った。そしてそのたびに冷たいシャワーを浴び、バナナを取らずに降りた。猿たちは何度か同じことを繰り返したが、結局バナナを取るのをあきらめてしまった。

ここで、四匹の猿のうち一匹を部屋から出して、代わりに新しい猿を一匹入れた。この何も知らない猿がバナナを取ろうと支柱に登ろうとした瞬間、残りの三匹の猿が一斉《いっせい》に新入り猿に飛びついて引き下ろそうとした。『支柱に登るな』と忠告したわけである。新入り猿は支柱に登るたびに仲間に引き止められて一度も冷たいシャワーを浴びなかったが、とうとうバナナをあきらめてしまった。その後、一匹ずつ初めの猿を外に出し、何も知らない新しい猿と入れ替えた。そのたびに、新入りの猿は『支柱に登るな』という忠告を受けた。新入りの猿は一匹も支柱の頂点まで登らず、冷たいシャワーを浴びなかった。支柱に登っていけない本当の理由を知っている猿は一匹もいなかった。仲間が引き継いだ前例を忠実に守ろうとしただけなのである。天井のシャワーが取り外されても、一匹も支柱には登ろうとしなかった。我々は管理職が猿だと言っているのではない。前例が生まれた環境が変わっても、前例を重んずる習慣は会社の経営方針、経営プロセス、社員教育プログラムなどの中で生き続ける場合があると指摘したいのである」

＊　＊　＊

これを読んでどんな感想をお持ちになったでしょうか。特に保守的なカルチャーを持った古い組織や規則重視の「お役所的」な組織などではこういう事象が身の回りにたくさんころがっており、「あるある、こういうこと」という印象を受けた方が多いのではないかと思います。**各企業にはそれまでの膨大《ぼうだい》な経験の組み合わせから来る成功体験や失敗体験というものがいわゆる「暗黙知」という形で蓄積されていますが、実はそれらの教訓のもともとの背景（Ｗｈｙ）というものは誰も経験者が残っておらずに全く共有、いや認識すらされていないといったことに陥《おちい》りがちです。**こういった暗黙知を形式知にしようという「ナレッジマネジメント」の取り組みがなされることもありますが、完全には把握しきれずに「猿とバナナ」のようになってしまうというのが実態のようです。

◆Ｗｈｙなき Ｗｈａｔ病その5…「『作り手視点』のみの商品」

新商品開発という場面でもこの「ＷｈｙなきＷｈａｔ病」というものはいたるところで見られます。ここでは**商品を構成するための個別の技術などの「シーズ」がＷｈａｔで、真の顧客ニーズがＷｈｙ**と考えればいいでしょう。本来、企業が開発している技術というものは（それが多かれ少なかれビジネスという目的のものであれば）顧客ニーズに合った何らかの形で商品化されるために存在するわけですが、とかく開発者というものは顧客を忘れて技術力に走ってしまいがちです。「それ何のために開発しているの？」という開発テーマは枚挙《まいきょ》にいとまがないのではないかと思います。

もちろん新しい技術というものは開発者しかわからないものですから、いわゆる「シーズドリブン」で商品開発をリードするものは数多くあります。むしろ大ヒットする商品というのは、顧客に媚《こ》びず、技術者の強い思い入れによって作られたものが多いかと思います。ただしそれはあくまでも表面的なニーズでなく、深層にある顧客ニーズをしっかりと捕まえた場合（偶然の場合でも必然の場合でも）という条件がつきます。それは顧客ニーズと切り離されて「一人歩き」するものとは全く異なっています。直接的であれ間接的であれ、エンドユーザーを全く無視した、純粋な技術主導の商品開発というものが成功する確率は非常に少ないでしょう。

◆Whyなき What病その6…「形骸化したマニュアルやテンプレート」

会社や組織というものは、一般的に歴史が長ければ長いほど、あるいは規模が大きくなればなるほど、様々なルールが膨《ふく》らんできます。そのために必要となるのが規則やマニュアルです。そういった規則やマニュアルに関連することというのも「Whyなき What病」の温床になります。特にそれがもう何年も改訂《かいてい》もせずにそのままになっているものの場合、そうなっている可能性は大です。

具体的にどういうことでしょうか。規則やマニュアルというものができるときには必ずその背景や理由があります。たとえば何らかのトラブルがあったのに対してその再発を防止するためとか、法律や規制が変わったのに対応して……といったことです。

ところが往々にして**一度できあがってしまった規則やマニュアルというのは「一人歩き」を始め、それを守ること自体が目的化してしまいます。**環境が変化してすでにその規則は時代遅れになっており、少し考えれば意味がないとわかることを膨大な時間をかけて行っているというのがよくある実態ではないかと思います。

世の中がこれだけ電子化されたのに、仕事のやり方は相変わらず「はんこ」を中心に動いていて、つまらない手続きに何人もの捺印《なついん》が必要になるという、いわゆる「スタンプラリー」に何の疑いもなく膨大な時間を費《つい》やしているというのは一つの例でしょう。あるいは、「なぜその手続きが必要か?」と考えれば、その手段はＩＴで済ませられるといったこともたくさんあるのではないかと思います。

同様の例として、職場によくある文書の「テンプレート」が挙げられます。報告書や議事録、あるいは企画書といった、業務で定型的に用いられる文書に対して、一定のフォーマットを指定して最低レベルの品質を確保すべく、こうした文書のテンプレートというものが導入されることがよくあります。このテンプレートというのは、「誰でもヌケなく仕事ができるように」という目的で導入されるわけですが、往々にして運用していくうちにこれを埋めることが目的化してしまい、何をやっているのかわからなくなっていることが頻繁《ひんぱん》に起こります。本来の目的を考えれば、ある項目については記載しなくてもよい場合でも、「とにかくそこを埋めなければ」と考えて、本来関係のないことのために膨大な時間を調査や調整に費やしてしまうというのはまさしく「ＷｈｙなきＷｈａｔ病」です。

◆WhyなきWhat病その7…「メッセージなきドキュメント」

「ＷｈｙなきＷｈａｔ病」は会社の中の各種のドキュメントにも現れます。**やたらに分厚くて情報量だけは多いが「何を言いたいのか？」というキーメッセージ（Why）がない企画書、作成者の当初の意図とは全く異なる趣旨で第三者に流用されているドキュメントなどです。**

ここでもキーワードは「一人歩き」です。およそドキュメントというものは、Ｗｈｙとセットで用いられず、表面に表現された字面《じづら》（Ｗｈａｔ）だけを追っていくことは非常に

図2-1　このグラフの意味するものは?

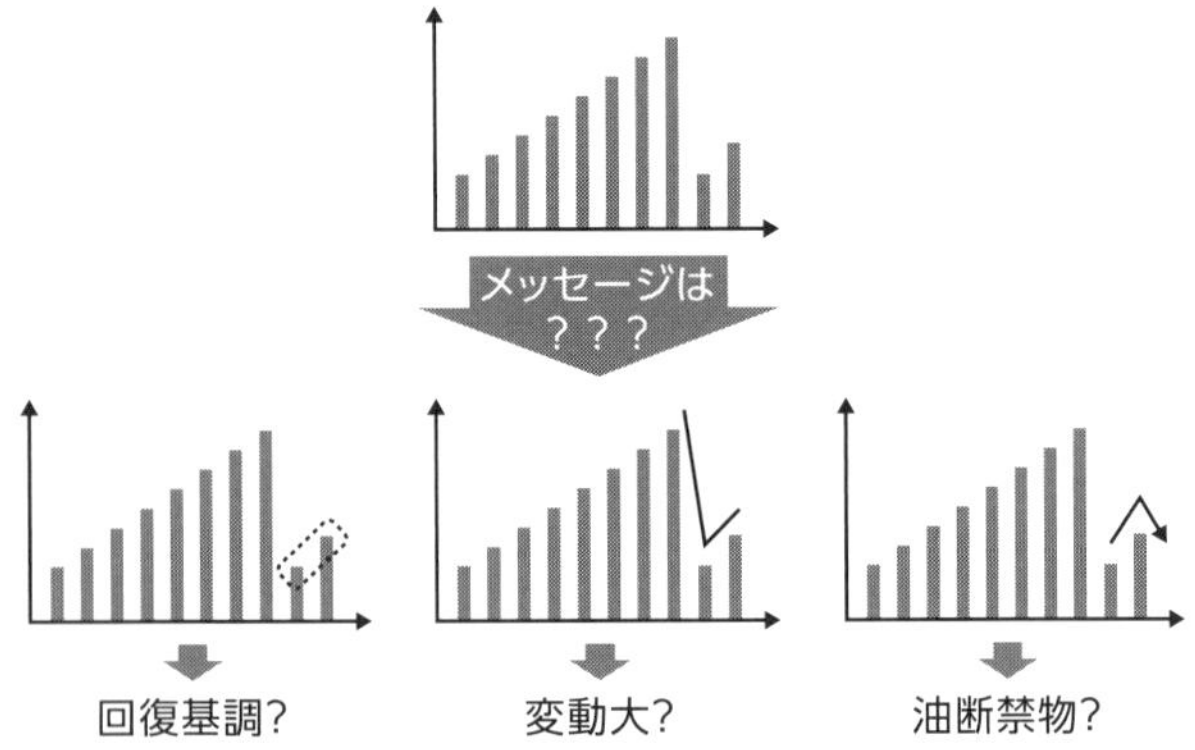

危険です。「あのドキュメント送って」などと言われてそのまま送っておいたら、あるとき当初自分が作成したときとは全く異なる意図で使われていてびっくりするなどということはよくあります。

たとえば何かのグラフ一つとっても、全く同一のグラフに対して複数のメッセージを抽出《ちゅうしゅつ》することが可能になります。上の図のグラフを見てください。

これはある商品の売上を時系列で見たものだとして、果たしてこのグラフから何が言えるでしょうか。図に示すように、この図のどこをどのように強調してどういうメッセージを抽出するかによって、「二年前に落ちた売上は昨年より回復傾向にある」のか、「この商品は売上の上下が激しくリスクの高い商品のため、在庫変動にフレキシブルに対応する必要がある」のか、「昨年は回復傾向に見えるが、今年はそうはいきそうもない」なのか、何を言いたくてこのグラフを用いたのかを明確に「キーメッセージ」（Ｗｈｙ）として出すべきです。

実際、グラフや表がたくさん貼りつけてあっても「それで何を言いたいの？」と言いたくなるような資料が氾濫《はんらん》しているのではないでしょうか。こうした資料・ドキュメントのミクロレベルでも「ＷｈｙなきＷｈａｔ病」は蔓延しているのです。

2-2

Ｗｈｙ型思考が今、求められる理由

◆急激な環境変化がＷｈｙ型思考を求めている

ここまで「ＷｈｙなきＷｈａｔ病」の具体的症状について述べてきましたが、そもそも昔から課題の本質に迫るためのキーワードとして「なぜ？」という言葉は重要だとされてきました。たとえば製造業の工場現場改善活動でも「なぜを五回繰り返せ」などとはよく言われています。

こういった昔からあった理由に加えて、「なぜ今」Ｗｈｙ型思考力が求められるかについては、以下の二つの環境の変化という理由があります。

第一の環境変化は、世界の中での日本の置かれた状況です。

第二次世界大戦後、奇跡的とも言える経済成長を遂げた日本の成功モデルは、「欧米」

を手本として、これを貪欲《どんよく》かつスピーディに学び、これらを日本人ならではの創意工夫をもって「改善」することで、優位性を築き上げることでした。

代表的な製品である自動車や電気製品などについても、基本原理やコンセプト、あるいはそのための大部分は先進国である欧米で確立されたものをユーザーニーズに合わせてきめ細かくチューニングし、そして生産を中心とする個別業務プロセスを最適化することによるコストダウン、いわゆる「オペレーショナルエクセレンス」によって圧倒的な優位性を築き上げて世界を席巻《せっけん》しました。

ところが今やこのモデルの優位性は、中国や台湾などの新興勢力によっておびやかされています。世界トップクラスの人件費となった日本がこのモデルを維持するには限界があるでしょう。

あわせて、インターネット革命後のビジネスパラダイムは大きく変化してきています。「ローカル→グローバル」「タンジブル（形のあるもの）→インタンジブル（形のないもの）」「個別商品によるシェア争い→プラットフォームによる一人勝ち」といった形で、いずれもこれまで日本が不得意としている領域にビジネスの成功要因は確実に変化してきています。つまり**日本人の思考回路を大きく転換しなければ、グローバルプレゼンスを維持する**

ことが危機にさらされる時代になったということです。

こうした時代にあたっては、「今あるもの」や「目に見えるもの」から発想するのではなく、そもそもどういう理由で何をやらなければならないかという、**目に見えない将来を見越した本質の議論が求められます。**これがＷｈｙ型思考ということになります。

もう一つの環境変化は、インターネット革命です。検索エンジンで表面的な方法や知識だけであれば素人《しろうと》でもいくらでも入手できるようになり、単なる断片的な知識や情報はいわゆる「コモディティ」（誰でも入手できて差別化要因にならないもの）になりました。ただし、インターネット上の情報というのは、よくも悪くも何のスクリーニングも経ていないものが多いので、自らの頭を使ってその情報が用いられた文脈や背景といった、「行間」を読まなければなりません。

単なる「コピー&ペースト」だけして「そのまま使って」いたのでは、そのこと自体に価値がないことに加えて、とんでもない誤解をしたり情報の誤用をしたりすることになるでしょう。情報や知識というのはいつの時代も重要ですが、それを「そのまま使う」のではなく、**本来の目的にしたがってそれを加工していく思考力が求められてくる**でしょう。

以上が、なぜ今Ｗｈｙ型思考が求められるかという理由です。どんなときにＷｈａｔ型が必要で、どんな場合にＷｈｙ型が求められるのかをまとめたものを章末に示します。明らかに現在の環境変化によってＷｈｙ型思考の人が不足していることがわかるでしょう。

◆Ｗｈｙ型が求められる職場とは？

続いて、もう少しミクロのレベルで、どういう職場環境でよりＷｈｙ型思考が求められるかを見ていきましょう。当然のことながら、Ｗｈａｔ型思考でもやっていける、あるいはむしろＷｈａｔ型思考が求められる職場というのもありますので、それとの対比でＷｈｙ型思考が必要になる、あるいは育ちやすい状況を明確にしていきましょう。

まず仕事の内容で言えば、毎日決まったことを着実に実行するのが求められる定型業務においては「決められたことをそのままこなす」Ｗｈａｔ型思考が求められるかもしれませんが、非定型な業務に関しては、常に理由や目的を考えて自分で方向性を決定するＷｈｙ型の思考が求められます（あるいは皆さん自身が「定型業務だ」と思い込んでいるところにこそ、実は宝の山がたくさん埋まっているのではないでしょうか）。

したがって、歴史による積み重ねがあって従来の延長で物事を考えることの多い伝統的企業や大企業ではWhat型思考のほうが重宝《ちょうほう》されることになるでしょう（こういう職場ではいちいち「なぜこれをやるのか？」などと問いかける人は煙たがられます）。いわゆる社内の本流と言われる部門もこういう傾向が強くなると思います。逆に**非定型業務の割合が多いと考えられるのは、歴史の浅いベンチャー企業であり、また大企業でも歴史の浅い事業や傍流《ぼうりゅう》にいる人たち**であると考えられます。

また、「言われたことをそのままやることが求められる」職場としては、法令や規則遵守をするのがミッションである仕事、あるいは上下関係が厳しいいわゆる「体育会系」のカルチャーの組織があり、そこではWhat型思考のそのままくんのほうが評価されるため、そういう人たちが育ちやすい環境と言えるでしょう。逆に**規則はあくまでも手段であってフレキシブルに対応しながら結果を出すことが求められる職場や、上下関係でなく自由闊達《かったつ》な議論によって方向性が決まっていくような職場ではWhy型思考の人が評価され、育ちやすくなる**のではないかと思います。したがって、前者のWhat型思考の職場においては、気をつけていないと「そのままくん」になってしまう可能性が非常に高いと言えます。

「それでもいいだろう」という考え方もあるかと思いますが、前に述べた通り、多くの職場でWhy型思考が求められる方向になっているのは間違いないので、むしろこれまでWhat型思考が求められていた職場こそ、Why型思考を意識していく必要があるのではないでしょうか。

では、章の最後に演習問題です。本章で挙げた「WhyなきWhat病」の各症状に対して、Why型思考を実践するとどのように対応できるでしょうか？ Why型思考による対処の仕方は、基本的にこの後の各章で解説していきますが、現時点での皆さんの考えを自分で出してみてください（場合によっては、本書を全て読み終わった後に取り組んでもらってもよいかと思います）。

【演習問題】

①WhyなきWhat病その1…「職場の『そのままくん』」

「値段が高いので値下げしてください」とお客様に言われたら、Ｗｈｙ型思考ではどのように考えればいいでしょうか？

（「そのまま」対応したら、「では値下げを検討します。どのぐらいでしょうか？」ですね）

②ＷｈｙなきＷｈａｔ病その2…「オレオレプレゼン」

延々と自社の規模の大きさや自社製品の性能の良さを語る前に、Ｗｈｙ型思考であれば何をやればよいでしょうか？

③ＷｈｙなきＷｈａｔ病その3…「前例主義」

毎年繰り返し計上されている予算や毎月実施している定例会議に関して、Ｗｈｙ型思考ではどのように考えるでしょうか？

④ＷｈｙなきＷｈａｔ病その4…「成功体験、失敗体験の誤用」

「新入りの猿」がもしＷｈｙ型思考だったら、先輩の猿三匹に止められたときに何と言うでしょう？

⑤Whyなき What病その5…『作り手視点』のみの商品」

スマホやパソコンの発売時の「CPUスピード○%アップ」や「カメラの画素数○○」という性能のアピールに対して、Why型思考の顧客視点で考えたら、どのようにアピールポイントが変わるでしょうか？

（性能の話ではなく、ユーザーがどのように変わるのでしょうか？）

⑥Whyなき What病その6…「形骸化したマニュアルやテンプレート」

社内の他部門の人から、「とにかくこの書類には紙の書類とはんこが必要なんです」と言われたら、Why型思考の人はどのように反応するでしょうか？

⑦Whyなき What病その7…「メッセージなきドキュメント」

Why型思考の人は図2-1のグラフをどのように使って、どのようなキーメッセージを導き出すでしょうか？

●特に下の表のような職場環境においてWhy型／What型思考が求められているが、今の環境変化はWhy型をより求める方向に進んでいる。

	What型	Why型
業務内容	定型業務	非定型業務
組織の新しさ	伝統的組織（大企業など）	新しい組織（ベンチャーなど）
カルチャー	官僚的	起業家的
本流か傍流か	本流部門	傍流部門
規則の位置づけ	規則遵守が目的	規則遵守は手段
上下関係	厳しい（体育会系）	緩い（サークル系）

第２章のまとめ

●「Why なき What 病」がビジネス界に蔓延している。たとえば以下のようなものである。

1. 職場の「そのままくん」
2. オレオレプレゼン
3. 前例主義
4. 成功体験、失敗体験の誤用
5. 「作り手視点」のみの商品
6. 形骸化したマニュアルやテンプレート
7. メッセージなきドキュメント

●環境変化によって、これまでの What 型思考から Why 型思考が求められるようになってきている。

	What型 ⇔	Why型
「正解」の有無	正解がある	正解がない
前例の有無	前例がある	前例がない
将来の見通し	先が見えている	先が見えていない
「知識・情報」の位置づけ	差別化要因（限られた人のもの）	コモディティ（誰もが持っている）

第3章

Why型思考とは何か?

3-1 WhyとWhatはどう違う？

本章では、本書のメインテーマであるWhy型思考とは何かについての解説をします。まずは本書で言うWhyとは何か、Whatとは何かについて、両者を比較し、身の回りで起きていることに当てはめることによってその違いと具体的なイメージをつかんでいただきたいと思います。

◆そもそもWhyとは何か？　Whatとは何か？

まずは本書のWhy型思考の対象とするWhyとは何か、What型思考の対象とするWhatとは何かについて定義します。また前章の「WhyなきWhat病」で紹介した個別の例をもう少し一般化して、WhyとWhatの相違《そうい》についてもさらに明確にしたいと思います。

ＷｈｙとＷｈａｔの文字通りの意味は皆さんご存知の通り「なぜ？」と「何？」になるわけですが、本書ではこれらを語源としてもう少し広い意味で捉えます。まずＷｈｙですが、これは「なぜ？」が物事の理由を問う言葉であることから、ある事柄が起こっている理由や背景といった目に見えないものを指します。これに対してＷｈａｔとは「何？」という問いが指す具体的なものやこと、あるいは表面上に見えている具体的な一つひとつの事象のことを指すことにします。

Ｗｈｙの「理由」という基本的定義を過去や現在に当てはめれば、結果というＷｈａｔに対しての原因がＷｈｙです。一方でこれを未来に当てはめれば、Ｗｈａｔという実現手段に対しての目的がＷｈｙに相当します。また表層に現れている事象であるＷｈａｔに対して、その隠れた深層の根本にある本質がＷｈｙです。各個人が取る個別の行動をＷｈａｔとすれば、その根底に流れる方針やものの考え方、あるいは「哲学」といったものがＷｈｙという言い方もできます。あるいは、決められた規則やマニュアルをＷｈａｔとすれば、それができた理由や背景がＷｈｙということになります。

したがって、本書で言う**Ｗｈｙ型思考を一言で言えば、「考えること」によって表面に**

見えない物事の本質に迫る思考のことを指し、**Ｗｈａｔ型思考とは、深く考えずに表面に見えている物事のみを捉えて思考停止している状態のこと**を指します。

次にＷｈｙとＷｈａｔとの関係について特徴的な点を挙げておきましょう。まず**Ｗｈａｔは目に見え、形になっているのに対して、Ｗｈｙは目に見えないものであり、明確に形になっていない**ということです。比較的「硬い」Ｗｈａｔに対してＷｈｙは「やわらかい」と言うこともできます。

また、ＷｈｙとＷｈａｔは必ずしも一対一の関係になっているわけではなく、**一つのＷｈｙに対してＷｈａｔは複数対応する一：Ｎの関係**になっています。たとえば一つの目的に対して達成手段は複数あるといった具合です。

これらをはじめとしたＷｈｙとＷｈａｔの比較表を本章末（１０７ページ）にまとめとして挙げておきましたので、頭の整理と復習用として活用してください。

これらについて、次節より具体的にその違いを見ていくことにしましょう。

◆Ｗｈａｔが「操り人形」でＷｈｙが「人形師」

ロボットとその操縦者の関係は?

ここまで述べてきたＷｈａｔとＷｈｙの関係は「人形と人形師」という関係に似ています。

こちらから観客の視点で見えているのが操《あやつ》られた人形、つまりこれがＷｈａｔです。そして目に見えないところで操っている人形師、これがＷｈｙです。別の表現をすると、イラストのように前面に出ている「ロボット」と「それを操るリモコンの操縦者」の関係と言ってもいいでしょう。ここまで述べてきたＷｈａｔとＷｈｙの関係の特徴である「結果」と「原因」、「目に見えるもの」と「目に見えないもの」といったイメージが伝わりましたでしょうか。またＷｈｙとＷｈ ａｔの関係は一対Nというのも、先ほど述べた通りです。

ここまでのまとめとして、Ｗｈａｔ型思考の「そのままくん」とＷｈｙ型思考の「なぜなぜくん」との関係で言えば、**個々の操り人形の動きに反応し、一つひとつ個別に対応するのが「そのままくん」、その動きの大本《おおもと》になっている、背後の黒幕である「人形師」の存在を常に意識しているのが「なぜなぜくん」**ということになります。

◆目に見えるＷｈａｔと、その向こう側にあるＷｈｙ

Ｗｈａｔとは目の前に実際に見えるものであり、Ｗｈｙとはその「向こう側にある」直接見えないものという観点を具体例で示します。

たとえば職場での出来事を考えてみましょう。上司の言うことや仕事で関係している取引先の要望事項が昨日と今日で突然コロコロ変わったという経験は日常的に誰でもあるでしょう。実はこうした心変わりには、「その先」にいる別の人、たとえば「上司の上司」であったり、「取引先の取引先」が原因として関与していることがよくあります。ところがこうしたものは往々にして直接的には見えないことが多く、後になって原因がはっきりして、「ああ、そういうことだったのか」と気づいた経験もあるのではないでしょうか。

ここで言う「直接の上司」がＷｈａｔ、「上司の上司」がＷｈｙ、「直接の取引先」がＷｈａｔ、「取引先の取引先」がＷｈｙという関係です。

あるいは運転をしているときの「目の前の渋滞」の原因がその「向こう側にある」事故であったり、仕事中に若手社員が居眠りをしている原因が家庭の事情による睡眠不足だったりとか、「向こう側」を見るまで真実がわからなかったといったこともあるでしょう。これもＷｈａｔとＷｈｙの関係を表す例です。

ここまでは、「見えるか見えないか」という視覚の観点からＷｈａｔとＷｈｙを語ってきましたが、実はこれは視覚だけでなく「五感」に拡大しても同様です。たとえば聴覚に当てはめてみれば、物理的な「音」として直接耳に入ってくる言葉がＷｈａｔで、そこから判断できるその背景となったものやその発言の原因となったもの、あるいは、直接物理的に聞くことはできないが何らかの考察の結果そこから得られるものがＷｈｙというわけです。

まとめれば「五感で感じられるもの」がＷｈａｔで、その背後にあるものがＷｈｙという関係だという言い方もできます。要するに考える行為や「なぜ」と問うことは五感で感じられるもののプラスアルファの活動だということが、この比較からも明確でしょう。つまり**カラダの目と耳で感じるのがＷｈａｔで、ココロの目と耳で感じるのがＷｈｙ**とも言えます。

ここで、「見えるか見えないか」というＷｈａｔ型／Ｗｈｙ型の相違を物語る好例をご紹介しておきます。皆さんはＷｈｙ型思考の代表としてどんな人を思い浮かべるでしょうか？　いわば「考えることのプロ」というわけですから、職業で言えば、哲学者、数学や物理などの科学者、あるいは将棋や囲碁などのプロ棋士《きし》が思い浮かぶのではないでしょうか。

これらの人々の典型的な容姿《ようし》としては（少し偏見も入っているかもしれませんが）、どちらかというとお洒落《しゃれ》な人というよりはぼさぼさの髪の毛に皺《しわ》だらけの洋服といったイメージがあるのではないかと思います。これは、本節の説明を読んだ後は理解しやすいのではないかと思います。Ｗｈｙ型の人というのは基本的に「目に見えるもの」よりも「目に見えない」ものに興味があるのです。だから鏡を見たりアイロンをかけたりすることに時間をかけるぐらいなら、「心の中の鏡」を見たり、「概念にアイロンをかける」ことに精力を注ぎたい人たちだということになります。

さらに「金田一耕助《きんだいち》」や「刑事コロンボ」といった人たちも「風采《ふうさい》が上がらない思考のプロ」と言うこともできるかもしれませんね（もちろん探偵の中にはシャーロック・ホームズやエルキュール・ポワロといったように洒落っ気のある人たちもいないことはないですが）。

◆目の前で起きていることには必ず「その背景」がある

「結果と原因」の関係をもう少し具体的に言うとこうなります。

私たちの周りで起こっていることをよく観察してみれば、**事象として表面に出ているものには、常にその背景になっているものがある**ことがわかるでしょう。

たとえば毎日のニュースとして新聞やテレビで取り上げられている事象がＷｈａｔですが、その背後にはそれが起こった原因や背景、つまりＷｈｙがあるという関係です。ビジネスの世界で言えば、企業の日々の業績の変化、たとえば売上やコストの増減というのがＷｈａｔですが、何かの変化が起きるのにはその背景となる理由が必ずあります。顧客ニーズが変化したとか、競合がキャンペーンをしているとか、為替《かわせ》レートが変化したとか、原材料費が上がったといった原因が必ず考えられるでしょう。これがＷｈｙということになります。一つひとつの事象やその状態のスナップショットがＷｈａｔ、それらが変化していく背景にある原因がＷｈｙと言ってもよいでしょう。

第１章のイントロダクションで、マニュアルや規則を遵守するのがＷｈａｔ型人間であるというお話をしましたが、ここで言う「マニュアルや規則」というのがＷｈａｔであり、それができたときの背景・理由がＷｈｙということになります。

3-2 「Whatの向こう側のWhyは何か」を考えてみる

◆あなたにはどこまで本当のWhyが見えているか？

ＷｈｙとＷｈａｔの違いのイメージとして、Ｗｈａｔが「見えるもの」でＷｈｙが「見えないもの」という特性、そして二つ目にＷｈａｔが「こちら側（見ている側の目の前）」にあるもので、Ｗｈｙが（壁の）「向こう側」にあるものというイメージをお話ししました。

要は「向こう側」に隠れている見えないものがＷｈｙだということですが、日常生活で具体的にどういう形で潜んでいるのかを、演習問題を考えながら見てみましょう。意外に普段私たちがＷｈｙに気づいていないことがわかるでしょう。

【演習問題】

以下の会話を見てください。会話の後者の人は「本当は」何が言いたいのでしょうか。

①電話セールスでの会話
セールスマン　「すみませんが、今ちょっとお時間ありますか？」
電話の受け手　「今、ちょっと手が離せないんですけど……」

②「やる気はあるがミスが多い部下」と「熱血上司」の会話
部下　「すみません、また見積もりの金額間違えました」
上司　「バカ野郎、おまえはもうクビだ！」＊＊

よほど鈍感な人でない限り、回答された目の前にある「こちら側」の壁の「向こう側」に、隠された相手のメッセージがあることはわかるでしょう。

①での電話の受け手の真の意図（Ｗｈｙ）は「どうせマンションか何かのセールスだけど、全く興味もお金もないから早く切りたい」、②に込められた上司の真のメッセージは「早く仕事をちゃんとできるようになれ！」、あるいは「お前には期待しているんだから、もう少し真剣に頑張れ！」というものでしょう。この程度の会話であれば、相手の「向こ

＊＊「増補改訂版　はじめに」で、今の時代は一歩間違うと発言そのものが「パワハラ上司」になると表現したのは、例えばこういう発言ですが、逆に本人には「何の悪気もない」（ことがむしろ問題かもしれませんが）ことも、この問題からわかることと言えるでしょう。

う側」を理解できない人というのは、よほど「空気が読めない」人だと思います（本当に次の日から会社に来なくなった新入社員なんていう「笑い話」はあるかもしれませんが）。

このように、往々にして**私たちの言っていること、やっていることの背景には何らかの別の意味があります。**ところが、普段気をつけていないと、意外にこうしたことに気づかないままに日々を過ごしていることがあるのです。ここにＷｈｙ型思考の「なぜなぜくん」とＷｈａｔ型思考の「そのままくん」の違いが出てきます。

◆「値段が高いから買わない」の「向こう側」の意味

意外に真のＷｈｙに気づかない例として、次の演習問題を考えてみてください。

【演習問題】

③商談に臨んでいた営業マンとお客様との会話

営業マン「先日ご提案書を出した商談の件、いかがでしょうか」

お客様「残念ですが、今回は価格面で他社さんに決めさせていただきました」

もし皆さんがこの営業マンだった場合、お客様からのこのフィードバックをどう受け止めるでしょう？

たいていの場合はこれを「そのまま」受け取らないでしょうか。もしその場合は「やっぱり自社の商品は高くて競争力がないんだ」とか、「もう少し値引きを会社が認めてくれれば競合に勝てたのに」とか、商談に負けたのは自分の責任ではなく高い商品しか作れない設計・生産部門、あるいは値引きさせてくれない上司の責任にして終わってしまうことでしょう。

でもここでお客様の本当の「向こう側」の理由がないかどうかを考えてみてください。ここではあなた自身が「買う側」の立場になったとして考えるのがいいでしょう。

・もし「営業マンが気に入らない」から買いたくないと考えた場合、それを相手の営業マンに直接言うでしょうか？
・本当に中身が気に入ったのに予算が少し足りない場合、あきらめて、「予算内の他社製品」に簡単にスイッチするでしょうか？（少なくともいきなりあきらめないで何とかして

What型思考では壁の向こうが見えない?

買える方法がないか、一度は気に入った商品の営業マンに相談しに行かないでしょうか?……自分が本当に欲しくて欲しくてたまらないものの予算が足りないときのことを考えてみてください)

・それ以上あまり理由を詮索《せんさく》されたくないときに「断りやすい理由」として「値段が高かったから」という理由を使わないでしょうか?

そう考えると、実は「値段が高いからやめた」という理由が本当の理由だったかというのは極めて疑わしいことがわかるでしょう。たとえばこの例での「向こう側の理由」である真のWhyとして考

えられるのは、

- 営業マンの態度が気に入らなかった
- 絶対額もさることながら、他社より高価格であることを正当化する機能や提案がなかった（コストパフォーマンスが悪かった）
- 他社の提案は価格だけでなく内容自体がよりニーズに合致《がっち》し、自社では考えつかないようなアイデアが入ったものだった
- 選定プロセスに多数の関係者がからんで二転三転し、いちいち経緯を説明するのが面倒くさかった
- 担当営業マンの上司が以前「出入り禁止」になるようなことをしていた
- 「政治的な理由」（たとえばトップセールスなど）で他社に決まったのだが、それは理由として伝えにくかった

等々、いくらでも考えられます。そう考えれば、営業マンにも「顧客ニーズをつかめていなかった」とか「事前の情報収集が足りなかった」などという「自分がもっとできたこ

と」がいくらでもあったはずですが、「値段のせい」という理由をそのまま信じて思考停止してしまえば、そこまで踏み込むことができないのです。

もしかすると読者の皆さんからは「でも実際には入札商談のように本当に値段しか理由がない場合だってあるよ」という反論もあるかもしれません。確かにそういう商品や商談の場合もあるでしょう。

でもここでもう一度よく考えてみてください。そもそも本当に価格以外に差別化要因がないなら、突き詰めていけばそういう商品に「営業マン」（つまりあなた）はいらないということになります。単なる価格の比較だけで買えるものなら、いちいち面倒な営業プロセスを介《かい》して買う必要などなく、売り手もコンビニやインターネットで売ったほうが安上がりでいいでしょうから、将来的にはそうなっていくはずです。

そう考えれば、「営業マンが必要な商売」では純粋に「商品の値段が高いだけの理由で売れない」という場面はほとんどないことに気づいていただけるでしょう。

いずれにしても、**「売れないのを値段のせい」にした瞬間に思考は停止し、同時にその人の成長は止まります**。それは「できないことを自分以外のせい」にすることを意味するからです。そうではなくて、原因の中には自分でも対処ができる何かがあったのではないかということを、お客様の潜在意識も含めて「なぜ？」と真の背景（向こう側）を考えてみることで、商談の勝率も上がるとともに将来に向けての成長があると言えるでしょう。

「帰れ、バカ野郎！」は鵜呑みにしなくても、「値段が高いから」は鵜呑みにしてしまうそのままくんが実は多いのではないでしょうか。

◆コロコロ変わる上司の発言の「向こう側」を考えてみる

今度は「上司と部下」という関係での別の演習問題を考えてみましょう。

【演習問題】

皆さんにはこんな経験はないでしょうか。

・「例の新商品の企画書、明日までに作っといて」と上司に突然言われて徹夜で対応したら、次の日には「やっぱりそれ来週でもいいや」と言われた

・資料の体裁について、微に入り細に入る詳細なコメントを上司から受けて、一字一

句その通りに対応したら、再度一八〇度違うコメントをされたり、ときには「やっぱり元に戻して」というコメントを受けた

これらのケースで、上司の指示の「向こう側」には何があると考えられるでしょう？

こうした場面で「ブチ切れた」経験は誰しも一度や二度はあるのではないでしょうか。ここでもポイントは、上司からの指示（Ｗｈａｔ）をそのまま受け取って動き出すか、その「向こう側」にある真の意図（Ｗｈｙ）をくんでから動き出すかで、それによって仕事の効率が格段に変わってきます。

一番目の例での「向こう側」として考えられるのは、「上司の上司」や「翌日の社内会議」や「上司が明日会う予定のお客様」などです。こうした「そもそも何のため」という背景を把握すれば、そこで求められる情報の精度やスケジュールが変更になるリスクの大小などが先に読めることになり、よりよいアウトプットを最小限の時間で効率的に作ることができるでしょう。

二番目の例では、こうした指示の「向こう側」にあるのは、「資料の想定する読み手にわかりやすく表現したい」ということ（これがＷｈｙ）でしょう。そう考えればその読者の立場に立って本当にわかりやすくするにはどうすればよいかという「向こう側」を考えることで、言われた通りに資料を直すのではなく、さらによいやり方を提案したりすることができ、依頼元の上司にも喜ばれると思います（「向こう側」の相手が、大づかみの要点を見たい役員なのか、数字に厳しい経理部門なのか、売りやすさを気にする営業部門なのかによって、資料の直し方は違うはずです）。

これら二つの例のように、**「上司やお客様の言うことがコロコロ変わって困る」という不満をよく耳にします。実はこれは典型的な「向こう側が見えていないそのままくん」の口癖です。**これは聞き手側がＷｈｙをつかんでいないだけのことが多いのです。「操られているロボット」を見ている限りいつまでも目先が常に変化しているように見えますが、向こう側にある「遠隔操作のリモコンの原理」さえつかんでしまえば後は怖いものなしです。

図3-1　Whatの向こう側の真のWhyをつかむ

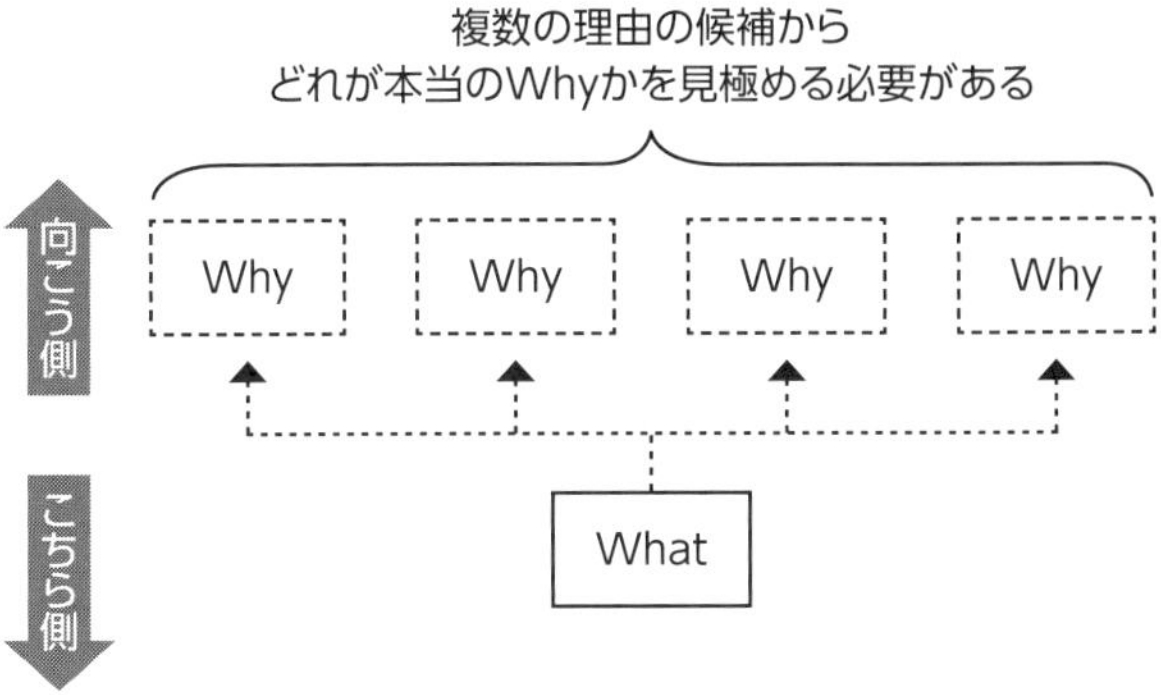

「言うことがコロコロ変わっている」

Ｗｈｙ型思考の訓練として、この言葉を使うのを今日から一切やめてみませんか。相手が誰であっても、もしこう思って「ブチ切れそうに」なったら、次のアクションとして、そのエネルギーを怒りや居酒屋での愚《ぐ》痴《ち》にぶつけるのではなく、「なぜ？」と考えて思考回路を起動してみましょう。これだけでも考える習慣がついたＷｈｙ型人間への第一歩を踏み出したことになるでしょう。

ここまで目の前にあるＷｈａｔの向こう側（背景）にある裏のＷｈｙを考えてみるという話をしてきました。常にＷｈｙを考えることで、より課題の本質に迫るという具体的イメージをつかんでいただけたのではないかと思います。

ただし実際に難しいのは、時と場合によっては必ずしも壁の向こう側を「深読みする」のが適切ではない場合もあるからです。目の前にあるWhatをそのまま信じたほうがよい場合もあれば、逆にWhatを額面通りに受け取らずに自分に都合のよいWhyをでっちあげてしまう「ゆがんだポジティブ思考」になることもあります。そうならないように、適度にWhy型思考を使いこなすことも経験によって身につける必要があるでしょう。

◆「向こう側のWhyを見る」ための演習問題

これまでの復習として、直接見聞きするWhatから目に見えない向こう側にあるWhyを考える練習をしてみましょう。以下に挙げる言葉はいずれもWhatであって、Whyではありません。各々のWhyが何か考えてみてください（最低一つですが、Whyを探るということはあくまでも相手のあることなので、仮説を立てるという意味で、できれば複数、ありとあらゆる想定されるWhyを考えてみてください）。

【演習問題】

基礎編 これらは誰もが無意識のうちにWhyを理解しているものばかりだと思いま

す。改めてWhyを考えてみてください。

①（約束を忘れた上に遅刻してきた相手に、彼女〈彼〉が……）「大っ嫌い！」

（ヒント：もし文字通りの意味だったら即座に別れる必要がありますね……）

②（ファミリーレストランの店員が、「禁煙席で」と言われて席に一度案内したお客様から席に呼ばれて……）「この席、禁煙ですか？」

（ヒント：もし入店時の言葉を忘れていないとしたら……）

③（トラブルを起こしてしまったお客様から）「もう二度と来るな！」

（ヒント：本当に二度と会いたくない人に真剣に怒るでしょうか？）

応用編 ビジネスの現場でよく聞く言葉ですが、ほとんどの人はこれらの言葉をWhat型で捉えて、「そのままくん」になっているのではないかと思います。改めてWhyは何か考えてみてください。これらの言葉のWhyを常に考えることだけでも実行すれば、仕事のやり方が大きく変わることは間違いありません。

④（上司から部下に）「○○について調査してくれない？」

（ヒント：Whyの違いで調査の仕方が実は変わりませんか？　調査そのものが目的であることはほとんどありませんね）

⑤（お客様から営業マンに連絡があって）「新商品のカタログを持って来てください」

（ヒント：カタログの説明までは一生懸命終わりました。「……で？」とお客様に言われないでしょうか？「向こう側」にいるのはお客様の上司かもしれないし、もしかすると「他社の営業マン」かもしれません）

⑥（お客様から突然営業マンの携帯に電話がかかってきて）「とにかく明日までに見積もりを持って来てください」

（ヒント：「とにかく明日までって言われてます！」と大騒ぎして拙速《せっそく》の見積もりを持っていっていませんか？　本当に必要なのは何なのでしょうか）

ここではヒントのみにとどめ、あえて「解答例」までは出しません（「自分で考える」ための本ですので）が、唯一の正解があるわけではありませんので、なるべくたくさんの仮説を出してみてください。

3-3 WhyとWhatは一：Nの関係で捉えるべし

◆一つのWhyには複数のWhatが対応する

先に一：Nの関係だとお話ししたWhyとWhatとの対応関係について見てみましょう。まず次ページ図3－2のWhy／Whatのツリー構造を見てください。これは一つのWhyに対して、複数のWhatが対応することを示しています。つまり、一つの目的を達成する手段は一つだけではなく、複数の手段が対応するということを示しています。

たとえば、会社の利益目標を達成する手段としては、売上を増やすかコストを減らすかという手段が大きくあるでしょうし、さらにその売上を増大させる手段も、新商品を出すとか広告プロモーションを強化するとか、手段はいくらでも考えられるでしょう。

これを「お客様と営業マン」との関係で見てみましょう。お客様の真のニーズ（Why）に対してそれを満足させる商品やサービス（What）というのは必ずしも一つではあり

図3-2　Why型思考とWhat型思考の視野の違い

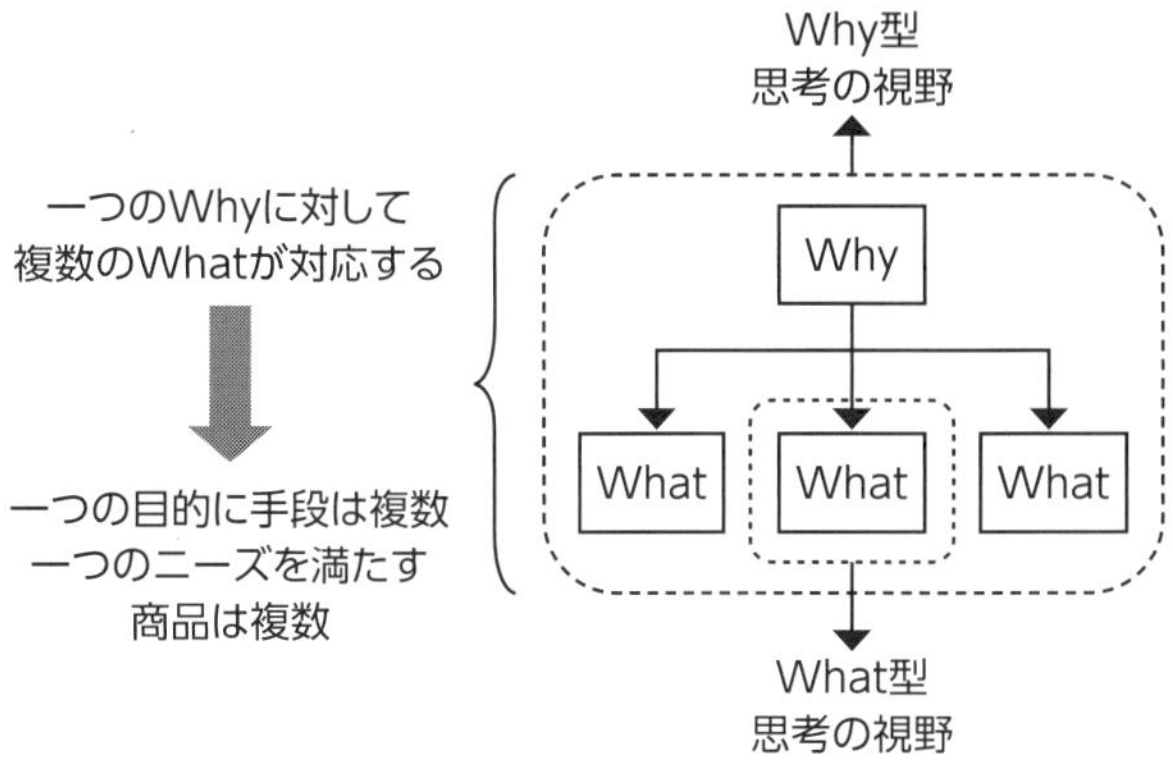

ません。あるいは「上司と部下」という関係で考えてみても、上司の真の意図（Ｗｈｙ）に対して、それを満足させる仕事のやり方（Ｗｈａｔ）は必ずしも一通りではなく、いくらでもやり方は考えられるでしょう。

　このようにＷｈｙとＷｈａｔの一対複数という関係を説明しましたが、これらは実は全ての人の目にはっきりと見えているわけではありません。これまで述べてきた通り、Ｗｈａｔというのは直接目に見えるものですが、Ｗｈｙというのは「ココロの目」でしか見ることができないからです。つまりＷｈａｔ型思考の「そのまくん」には一つひとつのＷｈａｔがバラバラに見えているだけです。

　これに対して**Ｗｈｙ型思考の「なぜなぜく**

ん」になると、一見何の関係もないように見えるバラバラのWhatが「根っこでつながっている」ということが見えるようになるのです。ちょうど水面上ではバラバラに見える睡蓮《すいれん》が水面下では同じ根からなっているように……です。

このことがどんな意味を持ち、実際のビジネスの場面でどのように役に立つのかについては続く各章・節にて具体的に見ていくことにしましょう。

◆プロジェクトの失敗原因はN：一と一：Nが逆転してしまうこと——Whyなきwhat病の一例

ここまでWhyとWhatを「一対N」で考える、つまりあくまでWhyを主役にしてそこに紐《ひも》づけられるWhatという構図で捉えてきましたが、読者の中には、「逆に一つのWhatに複数のWhyの対応というパターンもあるのではないか」と思われた方もいるのではないかと思います。一つの実現手段に対して複数の目的があるような場合です。

特に、**一つの実現手段を複数の関係者が違う目的で見てしまうような場合が問題**です。たとえば一つの会議をある部門の人は「意思決定の場」という目的で捉え、別のある部門の人は「単なる情報共有の場」と捉えて臨《のぞ》むとすれば、この会議は結局成果のないものになってしまうことは確実でしょう。もちろん会議の中には複数の目的を持つものもありますが、その場合にはパートごとに区切ってそのパートごとの目的を一つひとつ関係者で共有して進めていくことが重要です。

一見WhyとWhatの関係が複数対複数、つまり「N：M」（同数でない複数対複数）の関係であるときにも、**一つのWhyごとにどんなWhatが紐づけられているかを意識して取り扱うことが重要**です。

この手順を模式的に示したものが次ページの図3－3です。

「二《に》兎《と》を追うものは一兎をも得ず」というのは、ある意味この構図に当てはまる言葉です。あくまでも**求心力は手段や個別事象であるWhatではなく、目的や本質であるWhyに置く**ことがポイントだと思います。

逆に求心力をWhatにしてしまった結果が「WhyなきWhat病」と言うことができるでしょう。

◆Whatとは「個別の行動」でWhyとは「思考回路」

ここまで述べてきたことを個人の行動に置き換えてみると、一つひとつ目に見えている

図3-3　WhyとWhatを1:Nに切り分ける

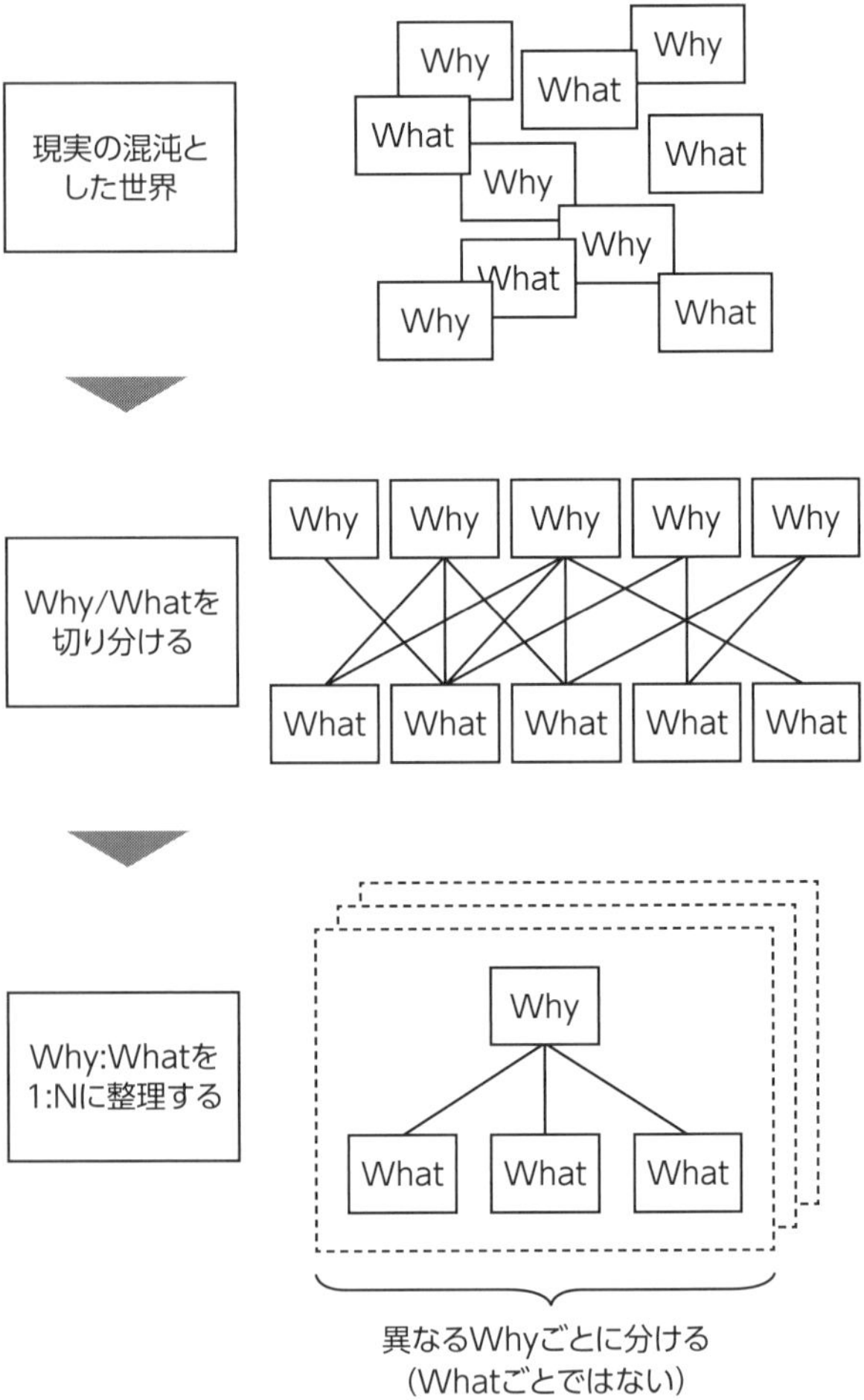

具体的な行動がＷｈａｔ、その背景となっているその人固有の「思考回路」がＷｈｙであると言えるでしょう。

表面に出てくる行動の陰《かげ》には必ずその人なりの考え方なりポリシーといったものがあります。たとえば「ポジティブ思考」という思考回路を持った人の行動は全てポジティブに現れ、逆に「ネガティブ思考」の人の行動は全てネガティブなものとなります。これもＷｈａｔとＷｈｙの関係がいわゆるＮ対一、つまり複数のＷｈａｔに対して一つのＷｈｙが対応するという関係であることの例と言えます。したがって、**表面に出てくるＷｈａｔがコロコロ変わることはあっても、深層にあるＷｈｙは実はそんなに変わるものではない**ことも想像できるでしょう。

「個別の行動」と「思考回路」というのをもう少し別の側面から見てみましょう。これは個人の行動のみならず、私たちが普段目にしたり耳にしたりする身の回りの事象全てに一般化して考えてもよいでしょう。

では「思考回路」に相当するものとは、この場合、どう考えればよいのか？　ここでは、そういった表面に出てくる一つひとつの事象の間に存在する「関係」（主に二者の間で

図3-4

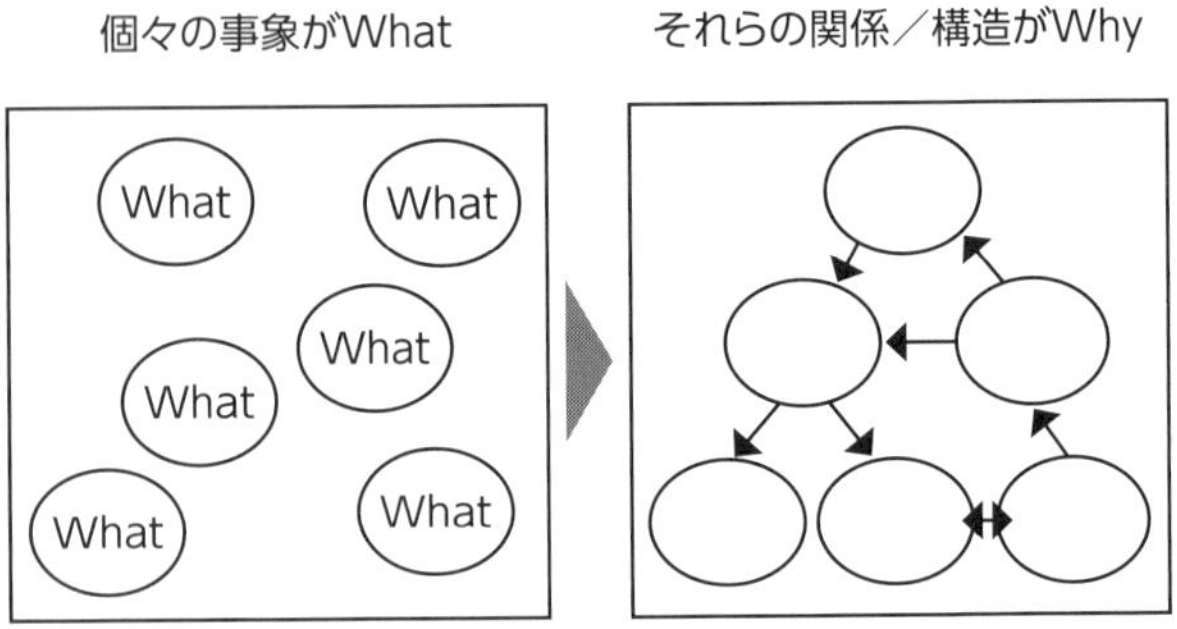

の単純なもの）やそれらが三者以上の関係するもの同士で複雑に絡《から》みあった「構造」というのがその一つに相当すると考えられます。

その具体的なイメージを図3－4に示します。たとえば、一つひとつの事実とそれらの因果関係、またさらにそれらがいくつも複雑に関係しあった全体構造のような関係を考えればよいでしょう。実際の私たちの身の回りで直接目にできるのはWhatのレベルですが、これらには目に見えない構造というものが必ず存在しています。

次ページ図3－5を見てください。これが「個別事象」とそれらの「関係／構造」の二重構造という関係です。ここに表現されている大きさと形の違う様々な図形が私たちの身の回りで起きている一つひとつの事象を示します。ビジネスで言え

図3-5　Whatは個別事象でWhyは関係と構造

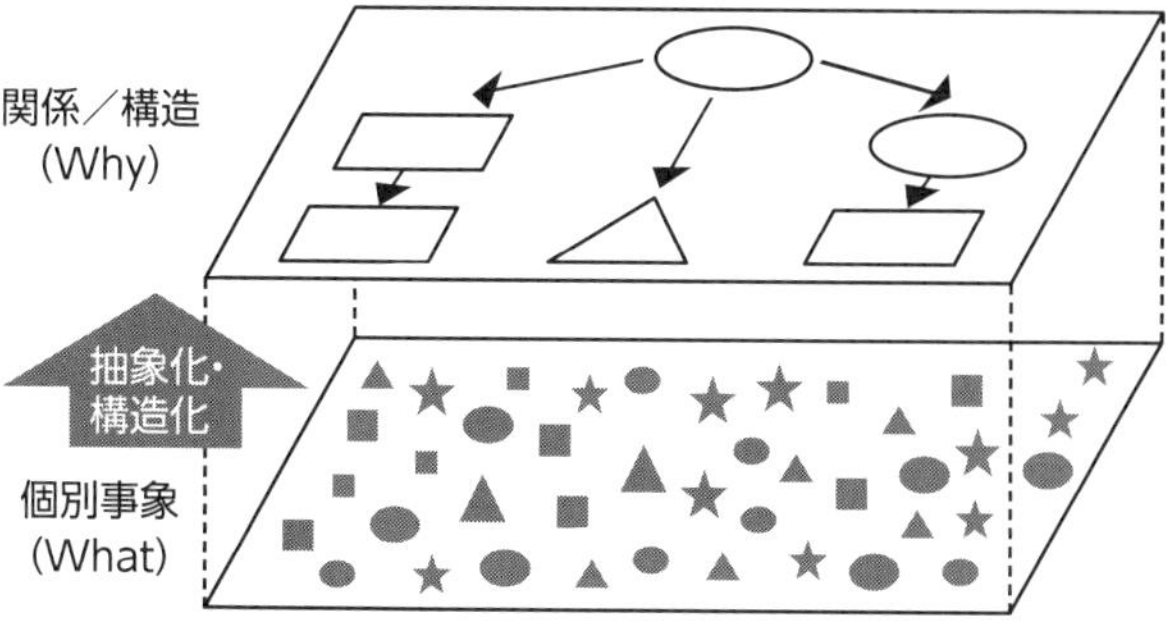

ば、一つひとつの商談かもしれませんし、膨大な物量になるデータや情報というのもこれに相当します。表面的に観察可能なものがこのＷｈａｔのレベルです。

たとえば一つひとつの売上データは個別に見れば何の特徴もないかもしれませんが、これらの関係性を見ると、それらの集合に秘められた「メッセージ」というものが浮かび上がってきます。時系列で見た場合の「トレンド」というのも「関係や構造」を示すものの一例です。あるいは「相関関係」というのもまさに関係の代表的なものです。ＩＴの発達とともに活発になってきた「ビジネスインテリジェンス」の活用というのも、こうしたＷｈｙのレベルの「関係や構造」をデータや情報から読み解くことによって周りに起きている最新の変化や関係性を読み取ろうという動きです。

いわば**Ｗｈａｔは「点」で、Ｗｈｙはそれらの点同士の関係つまり「線」であり、さらにそれが複雑に組みあわさった構造つまり「面」**ということになります。

会社の活動で言えば、ビジネス上用いる情報というのがＷｈａｔで、それをどういう視点や切り口で捉えるかというのがＷｈｙです。たとえば顧客をどういう分類で見るかという顧客セグメンテーションや製品仕様の優先順位づけといった企業固有の見方、目に見えない「カルチャー」やその表現形態としての企業固有の「用語」というのもＷｈｙと言うことができるかもしれません。

ここでのＷｈｙというのは、Ｗｈａｔを特定の性質でグルーピングしたり、分類構造を作ったり、因果関係を明確にすることによって生まれるもので、抽象化や一般化、分類、および構造化といった行為がこれに相当します。

インターネットの発達によって、Ｗｈａｔのレベルというのは各企業における差別化が難しくなりました。**以前はＷｈａｔのレベルの情報を囲い込むことによってその企業固有**

の競争優位を築いていたものが、時代の変化によって難しくなってきたために、これまで以上にＷｈｙという「ものの見方」という点での差別化が重要な時代がやってきたと言えるでしょう。

あるいは図３－５の構図を見てもらえれば、Ｗｈａｔは個別の製品で、Ｗｈｙとはそこから各プレーヤーを連携させて売上を積み重ねていくためのビジネスモデルという見方もできます。個別の製品は同じでも、プレーヤーと売り方によっては全く異なったビジネスモデルが存在します。特に**コモディティ化してきた製品に関して重要なのは、こうしたビジネスモデルで差別化すること**と言えるでしょう。

こうした物事の関係性を明確にするためにもＷｈｙ型思考がより求められます。ここまで解説したＷｈｙとＷｈａｔの二重構造というのは今後の各章でも現れてきますので、この構造を心に留めておいてください。

◆「なぜ？」はＷｈｙ型思考への扉のパスワード

ここまで、Ｗｈａｔ型思考が対象とする〝Ｗｈａｔ〟と、Ｗｈｙ型思考が対象とする

〝Ｗｈｙ〟の違いについて述べてきましたが、本章のまとめとして、ともすれば埋もれてしまいがちな〝Ｗｈａｔ〟の世界から〝Ｗｈｙ〟の世界を垣間《かいま》見るためのキーワードについて触れておきたいと思います。それが、言わずと知れた〝Ｗｈｙ型思考〟の語源ともなっている「なぜ？」という言葉なのです。

次ページのイラストを見てください。「なぜ？」という一言によってＷｈａｔの世界からＷｈｙの世界への扉が開きます。Ｗｈｙ型思考をＷｈａｔ型思考と分けているのは集約すればこんなに簡単な言葉だけですが、これが非常に重要かつ実は大変難しいことなのです。

「なぜ？」という言葉は文字通りに考えれば物事の理由や背景を問いかける言葉ですが、本章で述べてきた〝Ｗｈｙ〟の定義に立ち戻って考えてみれば、「こちら側」から「向こう側」を見るための言葉であり、個別の行動の背景にある思考回路を探る言葉であり、個別事象からそれを貫《つらぬ》いている関係や構造を探る言葉であり、また人形を操っている「人形師」をつきとめるための言葉と言えます。

「はじめに（オリジナル版）」でも述べた通り、「そのままくん」と「なぜなぜくん」の違いは突き詰めればこの「二文字」（英語でも三文字）に集約されるわけですが、このたった

Whyの世界の扉を開く

二文字の違いには天文学的な差があるのです。

書店で「なぜ○○か？」というタイトルの本を見かけるとついつい手にとってしまうという気持ちになった読者の方は多いのではないでしょうか？　これはなぜなのでしょうか？

その理由は「なぜ」という言葉の特殊性にあります。**「なぜ」という言葉はWhyの世界という物事の理由や背景を垣間見るための扉を開けるパスワード**になっていて、たいていの人にはこの扉を開けたいという知的好奇心が多かれ少なかれ必ずあるからです。

「なぜ?」の一言が大きな差に

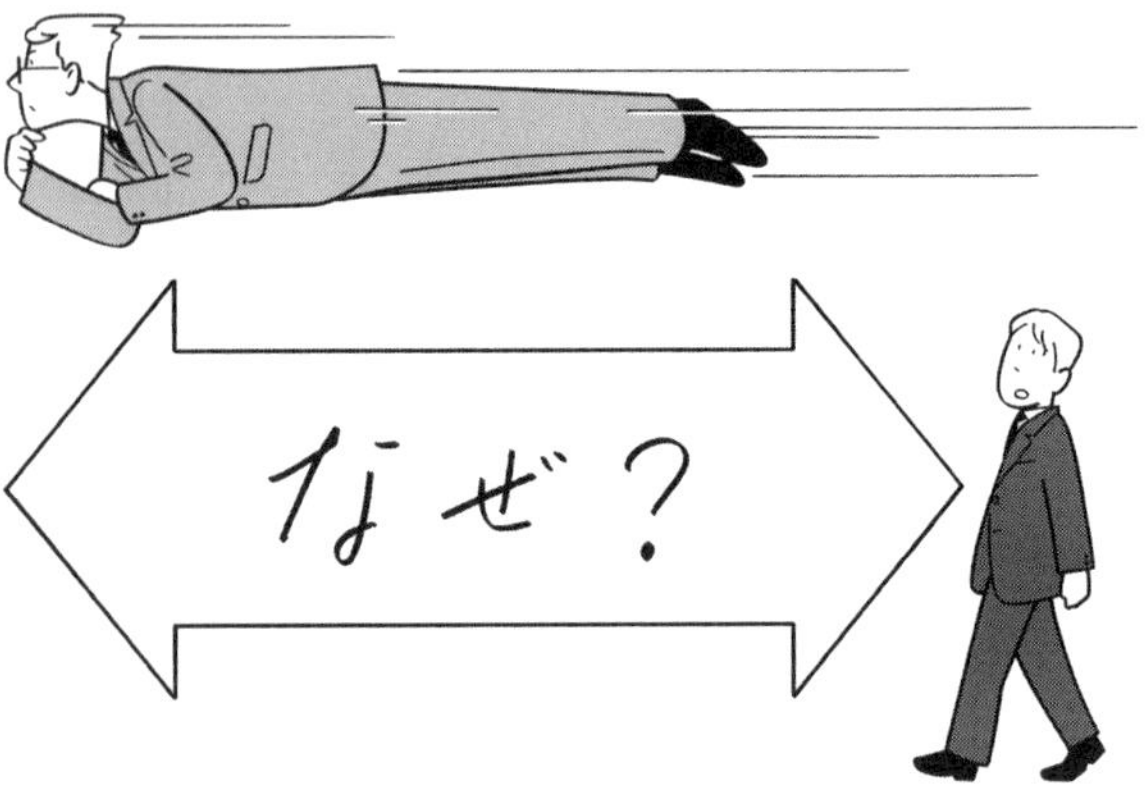

ではこういう気持ちになる人は全員Why型思考だと考えてよいのでしょうか?残念ながら答えはNoです。

確かに「なぜ?」という言葉にただちに反応したところでWhy型思考の予備軍としての素質は十分です。ただこの後の行動が問題です。その本を手にとってパラパラとめくり、タイトルの問いかけへの答えを探し出して「ああ、そういうことか」と納得して、それで終わってしまってはいないでしょうか。

「なぜ?」という言葉に幻惑されますが、実はこれは真のWhyでも何でもありません。「扉の向こうの」Why型の世界を本当にちらっと(「鶴の恩返し」並みに)垣間見ただけ、言い換えれば次見開きのイラストに示すようにＷｈｙの世界の一枚目の扉を開けた瞬間に見える「扉の裏の紙」に書いてある文字を読んだだけで、せっかく開けたその扉を閉じてしまったようなものです。

◆一回だけの「なぜ？」ではＷｈａｔ型思考と同じこと

これに似ているのが、問題集をやっていてすぐに答えを見てしまうという姿勢です。文字通り、「ページの裏側」の答えをすぐに見てしまうという行動はＷｈａｔ型を象徴的に示すものです。

ここまで述べてきたことは、せっかくの知的好奇心をＷｈａｔのレベルで終わらせてしまって、Ｗｈｙの世界に深く踏み込むことをやめてしまっている人がいかに多いかを物語っています。

これは本のタイトルに限らず「なぜ○○か？」の類《たぐい》の単なる豆知識はＷｈａｔであってＷｈｙではないことを物語っています。たとえば豆知識の本には以下のような「なぜ？」型の質問があります。

なぜ電気の周波数は東日本は五〇Hzで西日本は六〇Hzなのか？
（→東日本と西日本で別々の会社が電力事業を始めた際、異なる国の発電機を採用した。それが後に広がったため）

なぜオーストラリアの首都はキャンベラなのか？
（→シドニーとメルボルンが首都の座を争い、その結果中間地点にあるキャンベラに首都を置くことになった）

これらの質問に対する答えは、見れば何となく納得して終わってしまっていますが、実は単なる言葉の置き換えである「言い換え型」であったり、それ以上「なぜ？」の突っ込みようがない「そう定義されているから」といった「起源説明型」であることが非常に多いのです。つまりＷｈｙ一回型であり、Ｗｈａｔ型と同じということです。

逆に言えば、なぜを一回で終わらせずに、これらの例で言えば、なぜ「東日本と西日本で別の会社が事業を始めたのか？」、なぜ「シドニーとメルボルンが争ったのか？」というふうに「なぜ？」をさらに繰り返していくことにより、テーマによっては単なる事実と

答えをちらっと見ただけで満足していないか？

いう「点」が、因果関係という「線」になっていく可能性もいくらでもあります。そうすれば、こうした因果関係の「線」というのは、たとえば他の世界でも同様の事例があったときに応用が利くようになるのです。

ここまで読み終えた方は、「なぜ『なぜ』は五回繰り返さなければならないか？」の意味をおぼろげながら思い浮かべることができるのではないかと思います。**Ｗｈｙ型思考の世界を本当の意味で堪能《たんのう》するためには扉を何枚も開ける必要がある**のです。

どんな世界でも「宝物」はそう簡単に

何枚もの扉の先に本当の宝物が？

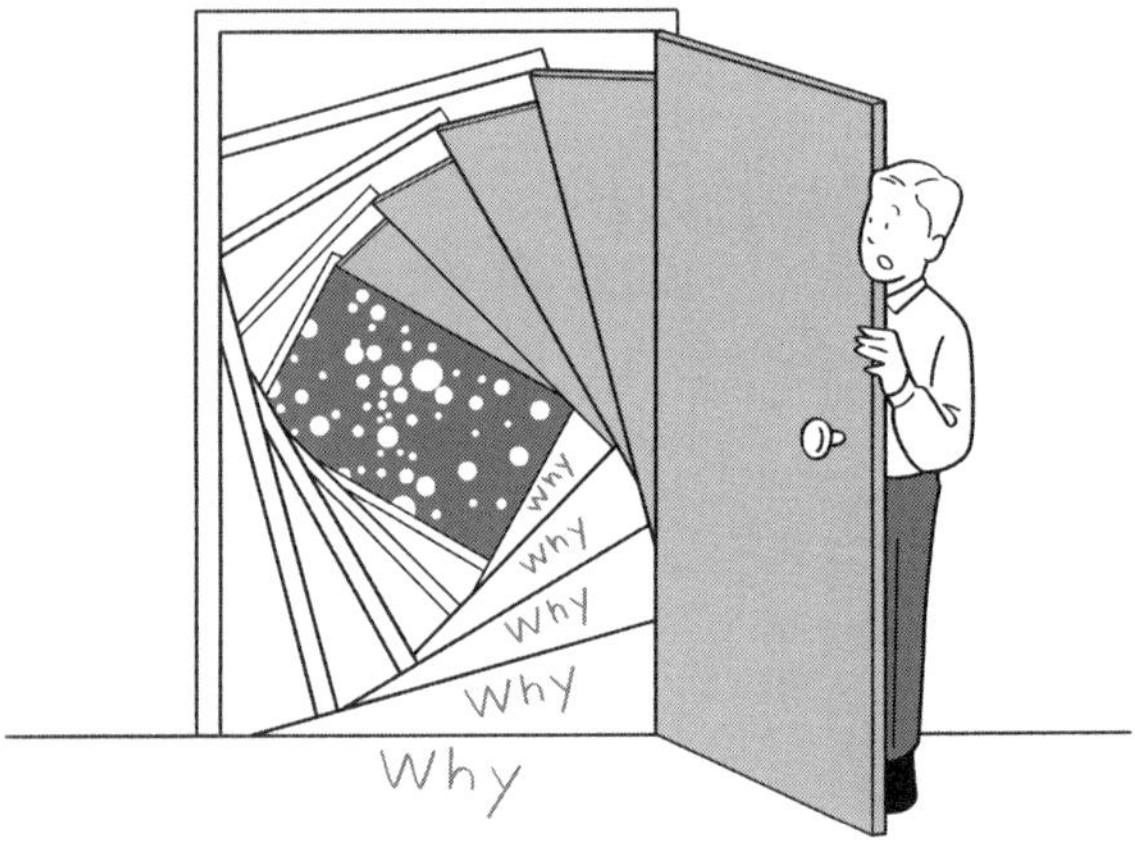

手に入れられないと決まっています。Ｗｈｙ型思考の世界も例外ではありません。

何度も何度も扉を開けることによりはじめて道が開けてくることになるでしょう。

第3章のまとめ

- Why型思考とは、表面に見えている目先の事象であるWhatだけでなく、その背景や理由を探ることで本質に迫るための思考である。

- Why型思考が対象とするWhyとWhat型思考が対象とするWhatとの関係は、原因と結果、見えないものと見えるものといった対照的なものである。

- それらの相違の例を下の表に示す。

Whatとは	Whyとは
表面事象	本質
手段	目的
結果	それが作られた背景
一つひとつの状態	変化の原因
「こちら側」	「向こう側」
目に見えるもの	目に見えないもの
硬いもの	やわらかいもの
個別の行動	思考回路
個別事象	関係と構造
点	線や面
カタチ	ココロ
タテマエ	ホンネ
「操り人形」	「人形師」

●「なぜ？」と問うことで、表面だけ見えているものの裏の世界を見ることができる。

●「なぜを一回だけ問う」ことは、実はWhy型思考ではなくWhat型思考と同じである。

第4章

WhatとWhyを切り分ければ「世界が変わって見える」

4-1 WhyとWhatを切り分ける方法

前章でWhyとWhatの違いについてお話ししましたが、実際私たちの身の回りの事象にはWhyとWhatとが混在しているにもかかわらず、意識してココロの目で見ないと見逃してしまいます。

本章では、こうした身の回りで混在しているWhyとWhatを切り分けて考えることによって、ものの見方や価値観が一八〇度変わって見えるということを皆さんに味わっていただき、Why型思考の世界に足を踏み入れることのメリットを味わってもらいたいと思います。

◆Whatの中に、Whyが霜降りのように混じっている

私たちの身の回りの事象、たとえば新聞記事や仕事の経験、あるいは他人の成功体験や

図4-1　WhyとWhatの混在のイメージ

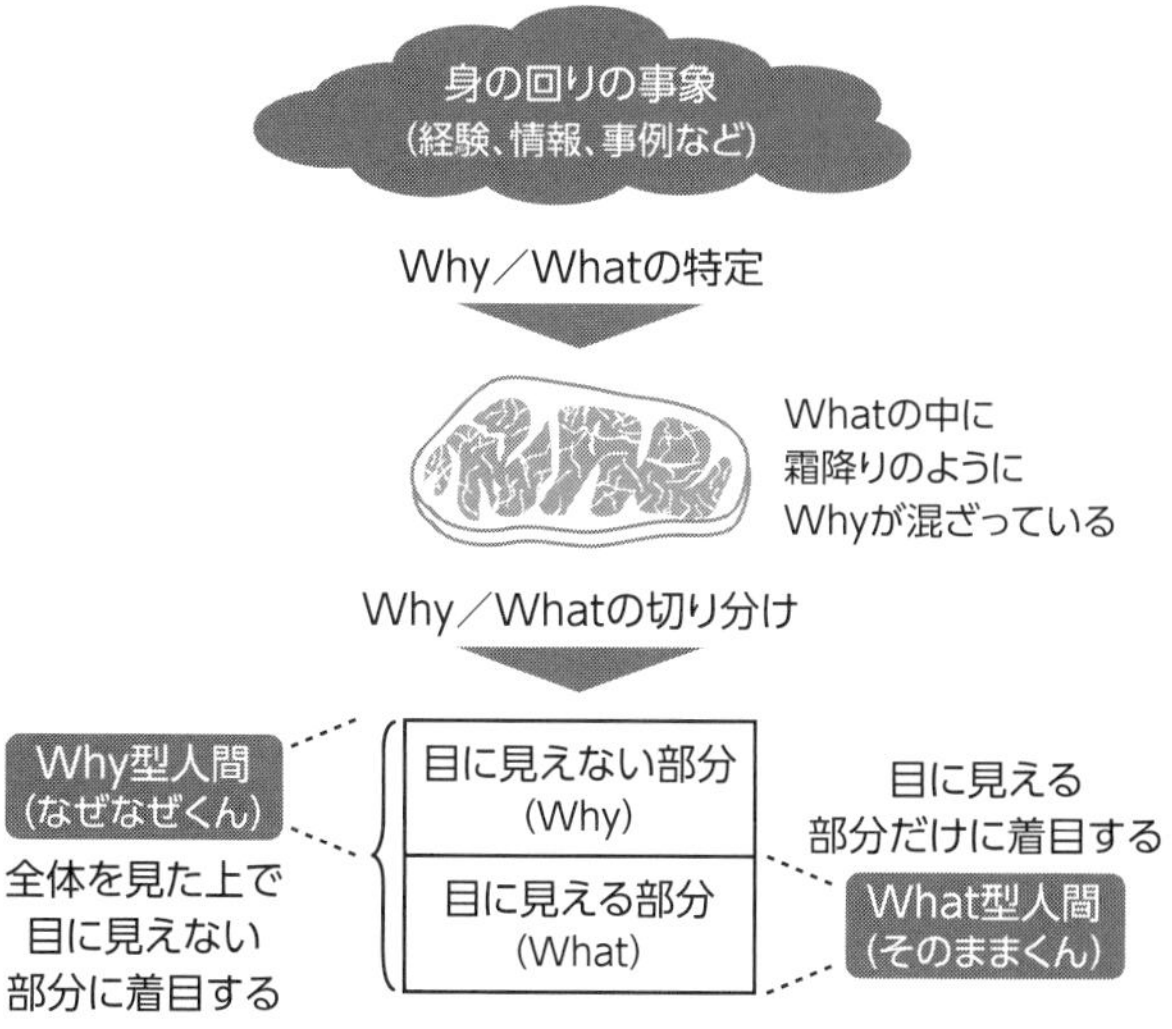

失敗談などには、**全て直接目に見えるＷｈａｔに混じって、あたかも「霜《しも》降《ふ》り」のようにＷｈｙが混在しています。**図４－１を見てください。

　たとえば、新聞やインターネット上のニュース記事を考えてみましょう。表面に見えるＷｈａｔというのは、「○○会社が前年比売上高××％アップ」「利益率△△％ダウン」といった直接の事実となって記事に表現されているものです。これには必ずその数字の前年や競合との違い、あるいはその原因や環境変化などの背景、あるいはそこにいたるまでに社長や一人ひとりの社員がどんなことを考えていたかのように、直接記事となってカタチに現れないその事実の背景、つまりＷｈｙが含まれているはずです。

また、成功体験や失敗体験のような個人の経験も同様で、結果として現れた成績や数字はＷｈａｔですが、それには必ず目に見えないそのときの背景や特殊事情、あるいは「目に見えない努力」といったＷｈｙが含まれています。たとえば過去にうまくいった新商品というのは、その時代の顧客ニーズや競合商品との関係がちょうどうまくはまったのでヒットしたといったような具合です。また過去に失敗したコストダウンのための社内施策を例にとれば、そのときの従業員の危機感が足りなかったとか、教育の仕方が中途半端だったといった原因が必ずセットで存在したはずです。

Ｗｈｙ型人間（なぜなぜくん）とＷｈａｔ型人間（そのままくん）の違いとして、成功体験をそのままくんは「そのまま再現」しようとし、なぜなぜくんは「今使えそうな形にアレンジして」使う、失敗体験に関してもそのままくんは「二度とやらない」のに対してなぜなぜくんは「今は成功するのではないかと考えてみる」という点を挙げました。これがまさに、Ｗｈａｔという目に見える事象や結果だけを見て物事を判断するか、それとセットになった背景や原因というＷｈｙを一緒に見た上でこれらを切り分けて考えているかの

図4-2　Why型思考とWhat型思考の
二つのものの見方の違い

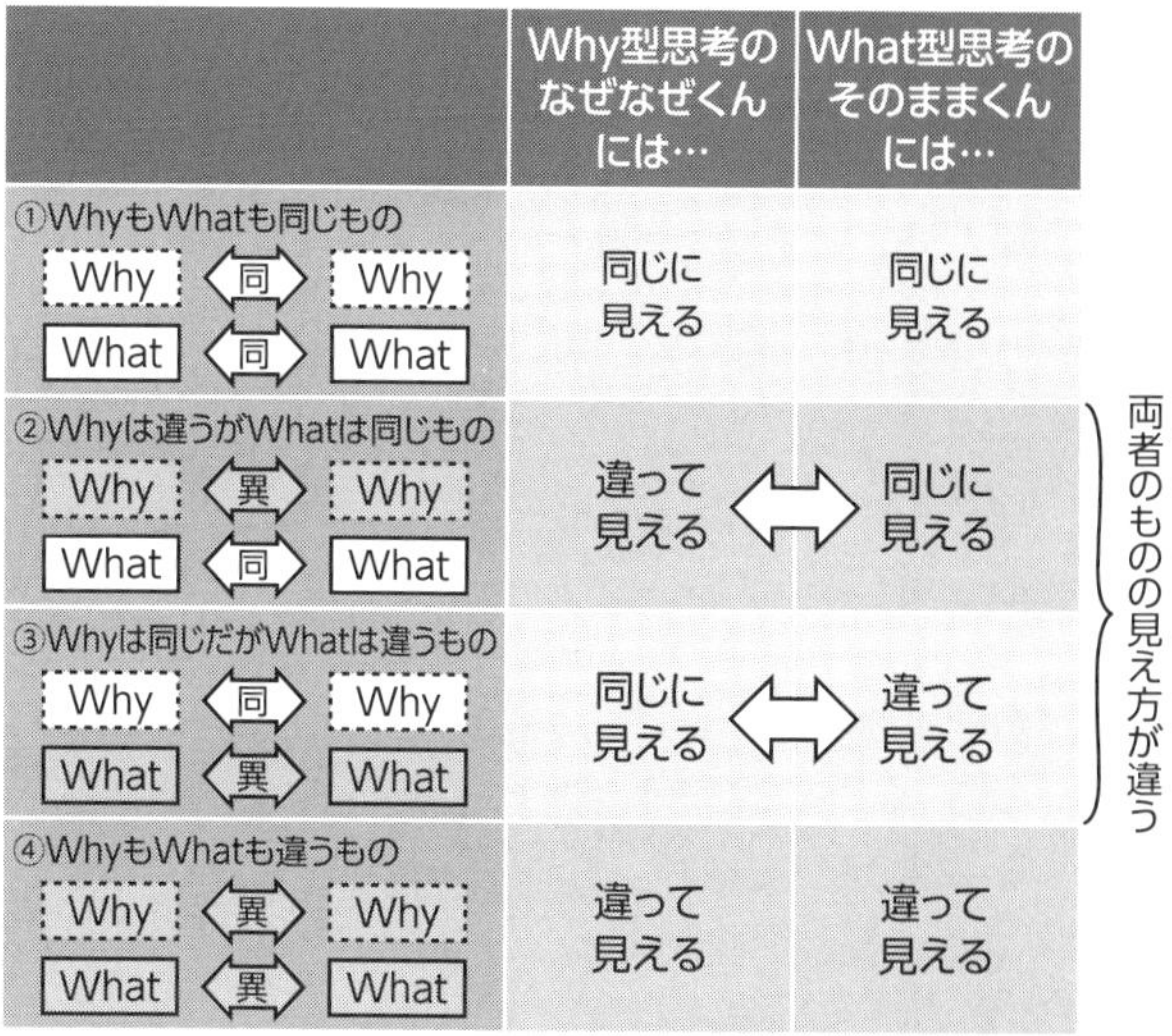

	Why型思考のなぜなぜくんには…	What型思考のそのままくんには…
①WhyもWhatも同じもの Why 同 Why What 同 What	同じに見える	同じに見える
②Whyは違うがWhatは同じもの Why 異 Why What 同 What	違って見える ⟺	同じに見える
③Whyは同じだがWhatは違うもの Why 同 Why What 異 What	同じに見える ⟺	違って見える
④WhyもWhatも違うもの Why 異 Why What 異 What	違って見える	違って見える

違いです。

◆WhyとWhatを切り分けて考える

それでは次にこうしたWhyとWhatを切り分けて考えることによってどんな違いが出てくるのかを見てみましょう。上の図を見てください。これは、ある二つの事象を比べたときにWhyとWhatが同じか違うかの組み合わせをパターン化したものです。

各々のWhy同士が同じか違うか、What同士が同じか違うかで四通りの組み合わせが存在します。これらのうち、WhyもWhatも同じパターン①（両者とも同じ）、およびWhyもWhatも違うパターン④（両者とも違う）の場合には、Why型思考だろうがWhat型思考であろうが両者の見方は変わりませんが、**WhyかWhatのどちらかに違いがあるパターン②または③の場合に、両者のものの見方が分かれてきます。**

まずはパターン②から見ていきましょう。これは、「Whatが同じだが、Whyが違う」という場合、つまり見かけは同じだが、その背景や目的が違うもの同士を見た場合です。目的は違うが同じ手段のもの、あるいは背景は異なるが表面上は同じ結果を比較する場合などがこれに相当します。What型思考の人は（もともとWhyの部分が見えていないので）これを「同じもの」とみなしますが、Why型思考の人にとっては、見た目は同じに見えるものの、目には見えないWhyの部分を読み取って全く違うものとみなします。

たとえば何かの提案書や企画書をレビューする場面を想定しましょう。What型の人はこれを漫然と見ていいとか悪いというコメントをするかもしれませんが、Why型の人はまず「これは誰に見せてどういう結果を求めるものか？」というWhyを確認してからレビューします。一見全く同じ一つのドキュメントが、担当者レベルの根回しとしてはわかりやすくても、役員に承認をもらうための資料としては最悪だということもありうるわけです。

またこれとは逆の③のパターン、つまり表面上は異なるが背景や理由が同じものを見た場合には、Ｗｈａｔ型人間の人には全く異なるものに見えるものの、Ｗｈｙ型の人にはこれが同じものに見えます。たとえば販売促進のための施策である「ポイントカード」や「マイレージサービス」、あるいは（飲食店などで）「おまけをする」とか「お客様の名前と好みを覚える」などという「サービス」の内容（Ｗｈａｔ）は一見全く異なるもののように見えますが、そこに隠されているＷｈｙは「一見《いちげん》さんのお客さんよりリピート顧客を大事にすべし」という点で一致するのです。こうした考え方の相違が同じ成功体験や失敗体験に対する見方、考え方の違いを生むというわけです。

こうした「Ｗｈｙ／Ｗｈａｔを切り分けて考えること」の例をいくつかご紹介しましょう。

まずは、唐突に思われるかもしれませんが、次の演習問題を考えてください。

【演習問題】
「朝令暮改《ちょうれいぼかい》」はいいことでしょうか？　それとも悪いことでしょうか？

「朝令暮改」という言葉があります。文字通りの意味は「朝に命令したことを、その日の暮れ、つまり夕方にはもう改める」ということで、元をたどれば中国の古典『漢書《かんじょ》』に由来します。

この言葉はビジネスで用いられるときには、いい意味で用いられるときと悪い意味で用いられるときがあります。たとえば「朝令暮改型の」社長やリーダーと聞いて思いつくことは何でしょうか？　「言うことがコロコロ変わる」「一貫性がない」といった否定的な意味合いがまずは頭に浮かぶかもしれませんが、半面で「柔軟性がある」「環境に俊敏に適応する」という肯定《こうてい》的な意味も含まれるかもしれません。

こうした相矛盾する「朝令暮改」の二面性というのも、先ほどの視点から説明ができます。実は「朝令暮改」にもＷｈｙ／Ｗｈａｔという二つの側面があり、先ほどの相反するメッセージはこれら二つの説明に他ならないのです。すなわち「Ｗｈｙレベルの朝令暮改」と「Ｗｈａｔレベルの朝令暮改」の違いです。

まずは前者のＷｈｙレベルの朝令暮改とは何か？　これはＷｈｙ、つまり物事を考える根拠や理由がふらふらして定まらない、いわゆる「軸がぶれている」という状態です。この部分が定まらないようでは、周りの人間は振り回されるだけで全くいいことはないでしょう。

これに対してＷｈａｔレベルの朝令暮改というものを考えてみましょう。これは、よって立つ「哲学」の部分は不動の状態で、実現手段（Ｗｈａｔ）をその場の状況に合わせて変更させていくということです。いわゆる「軸がぶれていない」状態です。軸がぶれなければ、その場その場で最適の手段に柔軟に対応していくというのは、リーダーとしては必須の行動パターンではないでしょうか。

ここまで述べてきたことは「Ｗｈｙの一貫性」と「Ｗｈａｔの一貫性」の違いと言ってもよいでしょう。**「Ｗｈｙの一貫性」は「軸がぶれない人」として歓迎されますが、状況が変化しているのに行動を変えない「Ｗｈａｔの一貫性」は「単なる頑固者」として煙たがられる**ことになります。

ちなみに人によっては「Ｗｈｏの一貫性」を重視する人（「あの人が言うことは何でも信

用できるよ」）もいれば、「Ｗｈｅｎの一貫性」を重視する人（状況が許せば何でもＯＫ）もいます。私たちはよく「あの人の言うことは一貫性がある（ない）」などという表現を使うことがありますが、実は一貫性がないと思われている人も、本人からすれば何らかの一貫性が必ずあったりするものです。その一貫性の対象がＷｈｙなのか、Ｗｈａｔなのか、はたまたＷｈｏなのかによって、他人から見た場合には「一貫性がない」と見られたりするのです。

さて、あなたは今までどんな一貫性のことを「一貫性」と呼んでいたでしょうか？

では、続いて、次の演習問題を考えてください。

【演習問題】
新商品開発において「お客様の声」は聞くべきでしょうか？　聞かざるべきでしょうか？

次は新しい商品やサービスの企画や開発という場面での「お客様の声」についてのＷｈ

atとWhyとの比較を考えてみましょう。
昔から言い古されていることですが、いい商品を作るためには「お客様の声を聞け」ということがよく言われます。ところがこれもWhat型とWhy型では一八〇度スタンスが異なるのです。

新しい商品を開発する上で何と言っても一番重要なのは顧客ニーズであることは間違いないでしょう。もちろんそれを実現するための技術やイノベーションというものの重要性は大きいですが、それらはあくまでも「それによって解決できる潜在的な顧客ニーズが存在する」ということが大前提となります。ここで言う顧客ニーズというのも直接目に見えるカタチになっている「顕在ニーズ」（What）と目に見えない「潜在ニーズ」（Why）の二通りがあるというのは、第2章で述べた通りです。ここでどうやってそれらの顧客ニーズをあぶり出すかというところでWhat型の発想とWhy型の発想の二通りが存在します（本章末のまとめのリストも参照してください）。

まず基本的なスタンスの違いとして、**What型というのは「今あるもの（What）」**

から発想するのに対して、Ｗｈｙ型というのは潜在ニーズを満たせる「今ないもの」が何かというところから発想します。では「今あるもの」というのは何か？　それはたとえば「今ある自社の商品」であり、「今ある競合他社の商品」です。「今すでに売れている競合他社の商品を模倣《もほう》して自社のラインアップに加える」とか、今市場に出ている商品の現ユーザーの声をそのまま聞いて改善するといったアプローチがＷｈａｔ型商品開発のアプローチです。

　これに対してＷｈｙ型の商品開発というのは、今売れているものや競合他社のライバル商品をそのまま真似するのではなく、「なぜ」それが顧客に受け入れられているのかという深層的なニーズを探り出そうとします。そこを仮説として、たとえば「安くてもそれなりの品質のもの」であるとか、「さりげなく個性をアピールできるもの」といった売れているものに共通するニーズ（これがＷｈｙ）を抽出してそれを今出ているものとは違った形で別のＷｈａｔとして世に出していくというアプローチになります。Ｗｈｙ型のアプローチは表面的なものではなくてあくまでも深層的なニーズに対して忠実に動くということです。

ここまで見てきておわかりのように、What型のアプローチは現状商品の改良によって旧製品の延長線上で新しい製品を作っていくという「インクリメンタル（漸進《ぜんしん》的）な」イノベーションスタイルですが、Why型のアプローチというのは、全く新しい革新的かつ抜本的なイノベーションを求めるスタイルということになります。これらの違いを、先ほどの「お客様の声」と紐づけて考えてみましょう。

What型で言うところの「お客様の声を聞け」というのは、文字通り顧客が声に出して言っていることを「そのまま」反映した商品を作るということです。ところがこのお客様の声というのが曲者です。通常ユーザーというものはその商品の専門家ではありませんから、その商品が持っている特別な技術とか、背景にある商品コンセプトを意識して意見を言うわけではなく、表面的な使い勝手などを基にした改善の類の要望（クレームであることも多い）を言ってきます。たとえば機械ものであれば「このつまみをもっと回しやすくして欲しい」とか、ITシステムであれば「この画面の配置を変更して欲しい」といった類のものです。

もう一つの「What型の要望」のパターンは、競合がやっていて自社のものにない機能が不足しているという要望です。これもあくまでも表面的なものが多く、根本的な解決になっていない場合がほとんどであるのと、所詮《しょせん》その機能を追加したところでやっと「敵に追いつく」（しかも周回遅れで）というだけのことですから、あまり本質的なものでないことは明らかでしょう。

ではこれに対してＷｈｙ型思考はどう考えるのか？　あくまでも重要なのはお客様の「ココロの声」です。それは往々にして先述の顕在ニーズとは正反対のものであったりします。よくカリスマ企画者や開発者が言う「お客の声を聞くな」という表現がまさにこれです。これは「口に出して言っていることは信じるな」ということであり、「口に出していない本当のニーズを見よ」という意味であって、顧客を無視しろという意味とは正反対です。単に技術主導で顧客を無視した商品と、Ｗｈｙ型思考であえて「顧客の声を聞かない」商品との違いがおわかりいただけたでしょうか。

どこの会社でもよくあることですが、現場に出ている営業マンというのはこうしたお客様の生の声をよくも悪くもそのまま真《ま》に受けて「こういう商品があれば絶対売れるってわかっているのに何でうちの会社はそういうものを作らないいんだろう」という言い方をしますが、これには二つの落とし穴があります。一つ目は先述のようにこれはあくまでも表面的なＷｈａｔ型の要望であること、そして二つ目は、Ｗｈａｔ型の要望であるがゆえの宿命として「その要望が陳腐《ちんぷ》化する」ということです。その声にしたがって商品を開発していたら、できあがる頃にはすっかりその要望はほこりを被《かぶ》ってしまい、その時点での顧客ニーズとはかけ離れたものになっていることでしょう。

「今売れているもの」から発想するのがＷｈａｔ型の企画、「今ないが売れそうなものはないか」と発想するのがＷｈｙ型の企画です。「流行は乗っかるもの」と考えるのがＷｈａｔ型、「流行は作り出すもの」がＷｈｙ型と言ってもよいでしょう。

◆「素直であること」の本当の意味

もう一つ別の例として、よく使われる「素直である」という言葉の意味をＷｈｙ型とＷｈａｔ型の二つのものの見方で考えてみましょう。

【演習問題】

「素直であること」はいいことでしょうか？　悪いことでしょうか？

ビジネスやスポーツの世界で大成《たいせい》するために重要な資質として「素直である」ことを挙げる人がいます。これは、果たして「他人が言うことの全てに言いなりになる」ということを意味するのでしょうか？　これも実は、ＷｈｙとＷｈａｔを切り分けて考えることで説明ができます。

「素直である」にも「何に対して素直であるか？」で二通りあります。まず**「Ｗｈａｔ型の素直」とは、全て相手の言いなりということ**です。指示されたことはそのままやる、お客様に言われたことはそのまま社内の別部門に伝える、といったことを意味します。これは必ずしもビジネスパーソンにとって「あるべき姿」とは言えないでしょう。

では、本来の「素直であるべし」ということは何を意味するでしょう？　これが「Ｗｈｙ型の素直」であるということなのです。

たとえば上司から「この資料をこんなふうに作って」と言われて、それをそっくりそのまま再現しようとするのがＷｈａｔ型の素直な人です。これではいわゆる「指示待ち族」で、自分なりの工夫もなければ能動的な姿勢もなく、また柔軟性にも欠けるという点で望ましいビジネスパーソンとは言えません。

これに対して**「Ｗｈｙ型の素直な人」というのは、上司が意図したＷｈｙを「素直に受け取り」、その実現のための手段はフレキシブルかつ能動的に自分で考え出すという行動を取ります**。これは必ずしもＷｈａｔのレベルで「言われた通り」になるかどうかとは別問題です。つまり求められるビジネスパーソンとは「Ｗｈｙ型の素直な人」ということになります。

これを逆に考えれば「頑固であること」にも二通りあることがわかるでしょう。「Ｗｈｙ型の頑固」というのは、基本となるポリシーや哲学を絶対に曲げない人のことで、これは総じてポジティブに働くことが多いと思いますが、「Ｗｈａｔ型の頑固」というのは、環境が変わっても決まったルールに固執したり、「今までと同じやり方」を決して変えようとしない人のことで、これは総じてネガティブに働くことが多いのではないかと思います。そう考えれば、一般的に否定的に用いられがちな「あの人は頑固だから」という言葉もときにはほめ言葉になるのではないかと思います。

4-2 「常識のある人／ない人」をWhyとWhatで見てみると

◆「クリエイティブ」であることの本当の意味

先ほどの「素直であること」にもWhat型とWhy型があるという発想から考えれば、よく言われる「常識がある」とか「常識がない」とか言うときの「常識人」にも二種類あるということが言えます。

一般的に言われる「常識人」について考えてみましょう。常識ある人というのは、一般的にはいわゆる教養が豊かで、規則正しく、ルールやマナーを守り、礼儀正しい人といったようなイメージでしょう。「規則」「ルール」「マナー」「礼儀」といった言葉から連想されるのは本書で言うところのWhat型人間ということになるかと思います。

ところが「常識人」にもこうした「What型常識人」に加えて「Why型常識人」の二種類があるのではないかと思います。What型常識人というのは前述の通り、決まり事や知識といった本書で言う「Ｗｈａｔ」に忠実な人ということです。これに対して**Ｗｈｙ型常識人というのは、目に見えるものではなく「ものの考え方」が常識的**だということです。では「ものの考え方」が常識的なＷｈｙ型常識人というのは、Ｗｈａｔ型常識人とどこが違うのでしょうか。

ここで具体的な例を挙げましょう。次の演習問題を考えてみてください。

【演習問題】
クリエイティブな人とはどんな人でしょうか？　常識がある人なのか？　あるいは「非常識」な人なのか？　といった観点から考えてみてください。

皆さんはクリエイティブな人、あるいは発想豊かな人と言って、どういう人を思い浮かべるでしょうか。一般的なイメージとしては、カジュアルな服装でルールが嫌い、言葉遣いもぞんざいで……といった、「常識を超越している人」つまり、ある意味「非常識な人」を思い浮かべるのではないでしょうか。

しかしながら、単に常識を超越しているだけでは真の「クリエイティブな」アイデアと

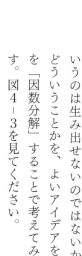

図4-3　よいアイデアを生み出すためのプロセス

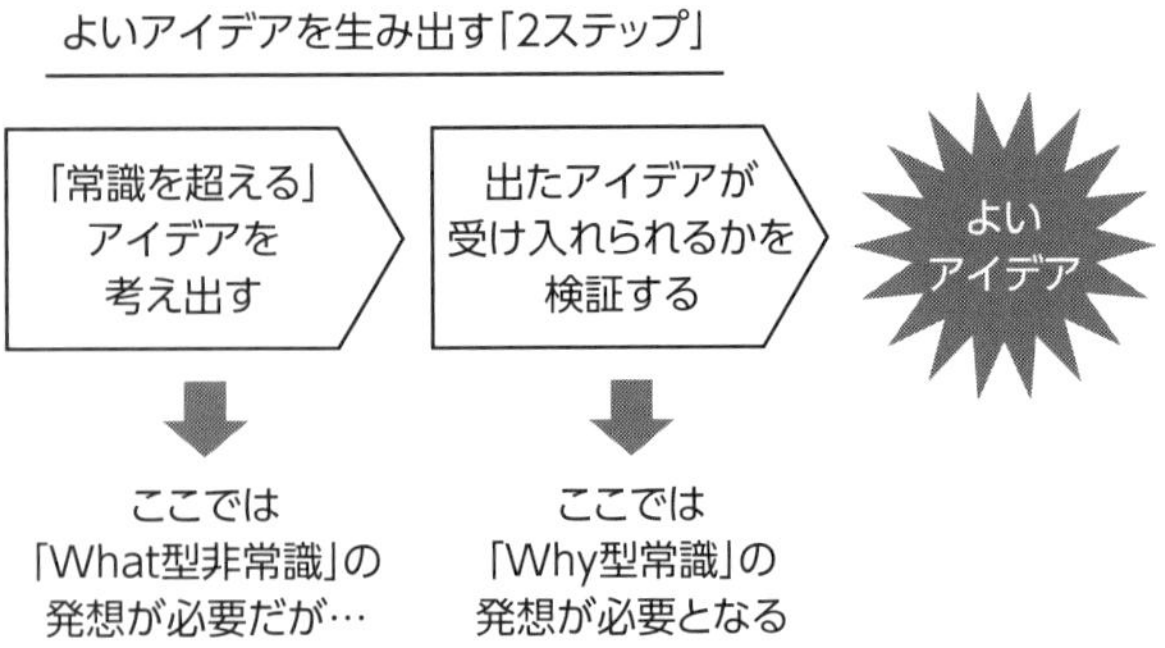

いうのは生み出せないのではないかと思います。どういうことかを、よいアイデアを生み出すことを「因数分解」することで考えてみたいと思います。図4―3を見てください。

よいアイデアを生み出すためには、この「2ステップ」が必要なのではないかと思います。第一に「常識を超える」ような斬新《ざんしん》なアイデアを生み出すというステップです。ここでは常識や「今あるもの」にとらわれずに新しい発想を生み出すことが求められます。したがってここで必要なのは「What型の非常識」という発想です。

通常はこのステップ＝アイデアを生み出すと考えられがちだと思いますが、実はこれだけでは真《しん》に受け入れられるアイデアにはなりません。そのために必要なのが「二番目のステップ」です。どういうことかと言うと、どんなに「斬新な」アイデアでもそれがヒットするためには、そのアイデアが一般人にも十分ついていける、さらに言えば多数の人に受け入れられるものであることが必要だからです。単に斬新な「もの珍しい」ごく一部の人にしか受け入れられないアイデアでは世の中には受け入れられることはないでしょう。

つまり真に世に受け入れられるアイデアを生み出すためには、出てきたアイデアに「本当にそれが受け入れられるか」というスクリーニングをするというステップが必要なのです。これは実際には無意識のうちに頭の中で行われている可能性も高いですが、ここが「真のクリエイティブな」アイデアを生み出すためには不可欠だと思います。

では、この「第2のステップ」に必要な考え方とは何かと言えば、これが「Why型の常識」というものの考え方なのです。つまり**基本的な考え方というのは世の中の人と極めて同じように考えられることが必要で、ただし、それを実際の目に見える商品やサービスとして世の中に出すときには今あるものにとらわれない**という二つの考え方が必要になるということです。

◆「常識／非常識」の四つのタイプ

ここまでの話を別の視点で整理してみます。次ページの図4－4を見てください。

これは世の中の人を①Ｗｈｙレベルで常識的か非常識か、②Ｗｈａｔレベルで常識的か非常識かの組み合わせで分類してマトリックスで表示したものです。四つの領域を一つずつ説明していきましょう。

まず左上の領域は、ＷｈｙもＷｈａｔも常識的な人です。基本的な考え方として他の人と同じような判断基準を持ち、かつ規則やルール遵守を重視する人です。いわば「正統派の常識人」とでも言えるでしょう。

続いて左下の領域は、Ｗｈａｔレベルでは常識的だが、その根底の考え方となるＷｈｙレベルが非常識な人です。つまり表面的には規則やルールを守ることを重視しながら、それを「何のためにやっているか」は全く意識もせずに単にそれに固執するという、いわば「エセ常識人」あるいは「単に頭の固い人」とでも言えるでしょう。まさに第2章で紹介した「ＷｈｙなきＷｈａｔ病」の患者であるという言い方もできます。

次は右下の領域です。これはＷｈｙレベルもＷｈａｔレベルも非常識な人です。つまり、ルールや規則も守らず、なおかつ基本的な考え方も常軌を逸《いっ》した「単なる変人」とい

図4-4　Why／Whatの常識／非常識のマトリックス

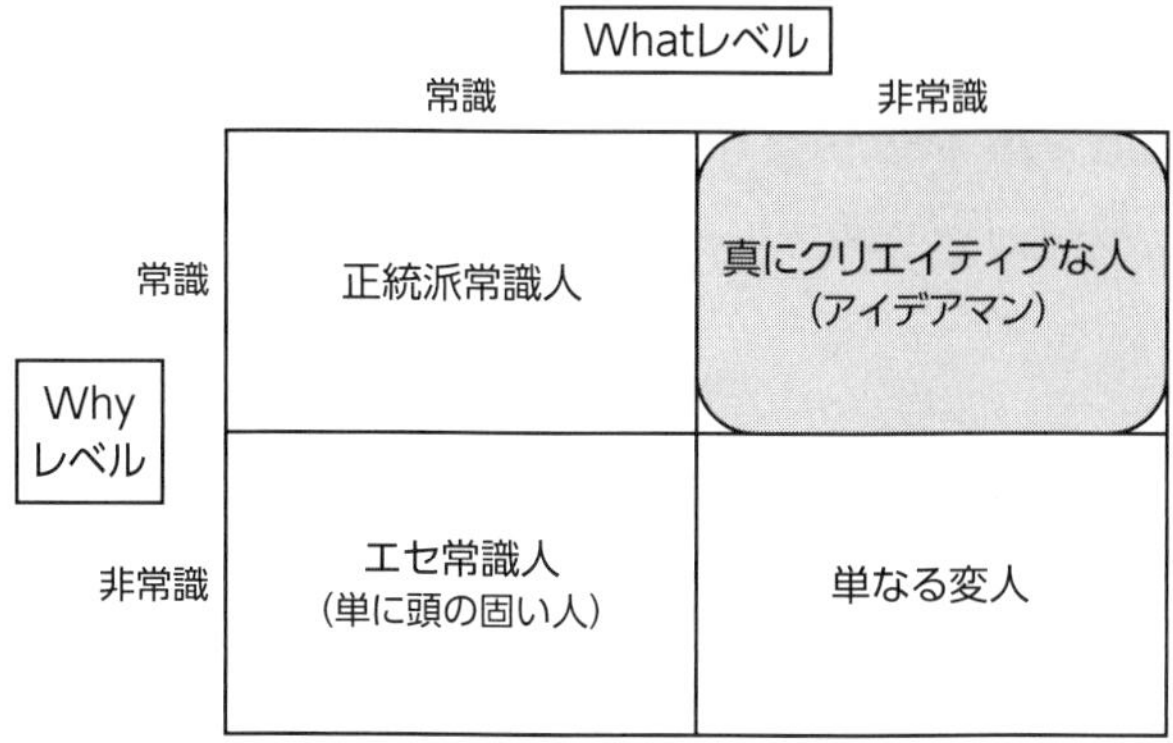

うことになります。こうした人は一見斬新なことを言ったりやったりしているようですが、結局は周りの人に受け入れられないということになるでしょう。もちろん「常識」「非常識」というのは時代によって変化するものですから、ある時代に「単なる変人」で終わった人が、時代が変わった後世の人から好評価を受けるというケースもごくまれにありますが、たいていの場合、この領域の人は「勘違いした人」で終わってしまうことでしょう。

そして最後の四番目が右上の「Ｗｈａｔレベルでは『非常識』だがＷｈｙレベルでは常識的な人」です。一見ルールやマナーを軽視しているように見えますが、「他人を不快にしない」とか「コミュニケーションを十分に取る」といったそれらの背景にある本質的に必要なことを捉えているために、周囲から眉《まゆ》をひそめられるといったことはあまりありません。そして何より「常識と非常識の二面性」が先ほどの「アイデア創出プロセス」とうまくミートし、表面的には斬新な発想を次々と生み出していきながら、「人間が本当に必要としているもの」をしっかりと押さえているので、そういった斬新な商品やサービスが世の中に受け入れられるというわけです。世の中で役に立つアイデアを生み出せる、真にクリエイティブで想像力豊かな人というのは、ある意味で「普通の人以上に普通である」ことが求められるのです。

一見「斬新な」商品も、単にアイデアが斬新であるからというだけではなく、ヒットした一番の原因は世の中の人があまねく抱えている課題を解決し、ニーズに十分応《こた》えたということでしょう。

同様のことは、たとえば音楽家のような芸術の世界にも当てはまるのではないでしょうか。すばらしい演奏家というのは、他人ができないような音を奏《かな》でることができるということ、いわばWhatレベルのユニークさがあるのはもちろんですが、それに加えて「絶対音感」という万人共通の尺度を持つとともに、美しい音を美しいと感じられるという、Whyレベルにおいて極めて普通の感覚が研《と》ぎ澄《す》まされた人のことを言うのではないかと思います。これは美術でも同様ですが、単に他人と違ったものを生み出せるのみならず、「美しさとは何か?」という、「美の最大公約数」(これがＷｈｙ)を徹底的に理解している人のことでしょう。

そう考えてくると、これはさらにお笑いの世界にも言えるのではないでしょうか。ＷｈａｔレベルでおかしなことをW芸として表現できるというのは人気が出る芸人の必要条件であることは間違いないですが、そこで「生き残る芸人」と「生き残らない芸人」を分けるのは、「普通の人にとって何が面白いのか?」という感覚を持っているかいないか、つまり「笑いのツボを押さえているか」ということではないでしょうか。これを持っていなければ、たまたま一発ギャグが受ける可能性はあってもそれは単なる偶然であって、「なぜ受けたのか?」が理解できていなければ継続はできないでしょう。半面、それを理解している芸人にとっては、同じ原理を使えば、次々に受けるネタを考えていけるのではないかと思います。

ここまで「Ｗｈｙ型常識/非常識」「Ｗｈａｔ型常識/非常識」についてアイデア創出という観点でお話ししてきましたが、この考え方は私たちの身の回りの様々な事象に適用することができるでしょう。

先ほど少し触れましたように、服装にしても二通りに分かれます。Ｗｈａｔレベルの「常識的な」服装としては「制服」というのが挙げられますが、これは「なぜ」そうなっているかを考えれば、Ｗｈｙレベルで考える「常識的な服」というのは「機能的である」とか「他人に不快感を与えない」といった性質が必要になるでしょう。

またそう考えてくると「真面目《まじめ》」と「不真面目」の関係というのもＷｈｙ型とＷｈａｔ型で異なった観点になるということになります。演習問題として考えてみてください。

【演習問題】

真面目な人と不真面目な人との違いをＷｈｙ型、Ｗｈａｔ型の観点から考えてください。

Ｗｈａｔ型の真面目というのは、たとえば決められたルールをきちんと実行するとか、呼ばれた会議には欠かさず出席するとか、学生で言えば授業をさぼらないということになるかと思います。でも「魂の込もっていない」状態で決められたルールだけを守ることや、確かに出席はしているが、実際にはそこでの出番はなく「ただいるだけ」というのが本当に意味あることなのでしょうか。

反対にWhy型の真面目というのは、たとえ会議を欠席してでも本来大きな意味で求められていたタスクを別の形の成果で出すとか、授業には出なくても（もしその授業が出席に値《あたい》しないのであれば）別の形でそれを補ってきちんと内容を理解して最終的にテストもパスするという姿勢のことです。言い換えれば「Whatの真面目はWhyの不真面目」、「Whatの不真面目はWhyの真面目」ということも言えるのではないかとも思えます。

「常識的」であることとの類似のお話として、「仕事を任せられる人」というのはどういう人かについても考えてみましょう。

【演習問題】
「仕事を任せられる人」であるための重要条件とは何でしょうか？ Why型、What型の観点から考えてください。

皆さんの周りで「安心して仕事を任せられる人」とはどういう人かを考えてみてください。たとえば皆さんが上司である場合、「安心して仕事を任せられる部下」とはどういう部下か、仕事以外のプライベートのイベントでも「幹事を安心して任せられる人」というのはどういう人のことでしょうか？　たとえば失敗やミスが少ない人のことでしょうか？　ある意味合っているようですが、そうでもない場合もあるような気がします。

当該エリアの知識をしっかり有《ゆう》している、つまりWhatレベルのスキルが十分で日々の仕事でいちいち周りの人の判断を仰《あお》がなくてもよいというのは当然必要な条件ですが、知識には限界がありますから、それだけでは「完全に任せる」というところまではいかないのではないでしょうか。

それではさらにどういう条件が必要かと言えば、「いきなり第三者（お客様や取引先、あるいは他部門の人）からクレームが来ない」というのが必須条件ではないでしょうか。まずいことを「まずい」と認識できて、早めに周りの人に相談したり助けを求めたりすることができる人、すなわち**Whyレベルでの常識を持つ人というのは、専門知識が不足していても、「任せられるか」という観点での安心感はむしろ「その道の専門家」以上**と言うことができます。Ｗｈａｔ型知識に長《た》けている人はルールの範疇《はんちゅう》で進んでいるうちは信頼できても、いざトラブルが起こったときの対応については「火に油を注ぐ」可能性もありますが、Ｗｈｙレベルでの常識がある人というのは、こういうことは絶対に起こさず、まさに「仕事を任せられる人」ということになります。「真面目」という言葉を使って別の表現をすれば「原理原則に対して真面目な人」というのが信頼できる人の条件ではないでしょうか？

これは様々なプロジェクト管理にも通じるものがあります。プロジェクトマネジャーの要件として求められるのは当該分野における専門知識と経験、たとえばＩＴプロジェクトであればＩＴに関する知識や経験ということになりますが、それに加えてプロジェクト管理で最も重要と考えられるリスク管理上で求められるのは、「何か問題が起こっていることを早期に感知できる」能力ということになります。

つまりＷｈｙレベルでの常識があって「何が正常で何が異常か」という皮膚感覚、言い換えれば「『やばさ』を嗅《か》ぎつけられる」能力が極めて常識的であるということになるでしょう。

4-3 切り分けると見えてくる「WhyなきWhat病」

◆「成功体験を捨てよ」の本当の意味

第1章のセルフチェックで、「そのままくん」は過去の成功体験をそのまま繰り返し、過去の失敗体験は二度とやらないというお話をしました。では「なぜなぜくん」は成功体験や失敗体験をどういう形で生かしているのでしょうか。

よく「成功体験を捨てよ」ということが言われます。過去にうまくいった例に必要以上に固執すると失敗するという教訓で、個人のレベルでも会社のレベルでもビジネスの様々な失敗の原因としてよく挙げられます。ただ言うのは簡単ですが、これほど難しいことはありません。

たとえば個人のレベルでの「成功体験」というのはその人が持っている実績そのものであり、その人の自信や基本的な考え方の源泉となっているものであって、これを捨ててしまうということはほぼその人の人格そのものを捨ててしまうということにもつながりかねません。本当に成功体験というのは捨てていいものなのでしょうか。あるいはどういう場合に捨て、どういう場合には捨てるべきではないのでしょうか。これは本章のテーマである「ＷｈｙとＷｈａｔを切り分ける」という観点から見るとどういうことなのでしょうか。

まずは「成功体験にとらわれる」という失敗体験について、ケーススタディ形式の演習問題で考えてみましょう。

【演習問題】

ケーススタディ　今までの指導方法が通じない部下。どうすればいい？

サトウ課長は悩んでいました。部下のスズキさんのことでです。自他ともに認める熱心な指導が持ち味のサトウ課長でしたが、スズキさんについてはそれが全く通じないどころか、裏目に出ているようです。最近サトウ課長の個別の指導へのスズキさんの反応が明らかに悪く、目もどんよりとしてあまり真面目に話を聞いていないようにも見えます。

実はサトウ課長の熱心な指導の裏には過去の成功体験がありました。以前の主任時代に、他部門で成績の出せなかった部下二名を指導した際、試行錯誤の末に「きめ細かく指導することにより部下は再生する」という印象が強く記憶に残り、熱心にきめ細かく指導することで必ず若い人間は自分の持ち味を発揮してくれるという固い信念があったのです。

サトウ課長は、この成功体験を捨てるべきでしょうか？

ケーススタディの考察

原因はWhyが見えていなかったこと

非常にシンプルなケースではありますが、よくある話ではないかと思います。サトウ課長の**「熱血指導は通用するはず」という信念は実はWhatレベルのもの**でした。実はこのやり方がうまくいったのは、指導の背景にあった、「相手のことを真剣に考える」ということ（つまりこれがWhy）が以前の二人の部下に対しては有効に機能して、熱血指導というWhatが通用したのかもしれません。

ただ今回のスズキさんに対してのWhatは、性格を考えれば別のやり方（たとえば「自主性に任せて放任する」）のほうがよかったかもしれないのに、熱血指導に固執してう

図4-5　What型活用とWhy型活用

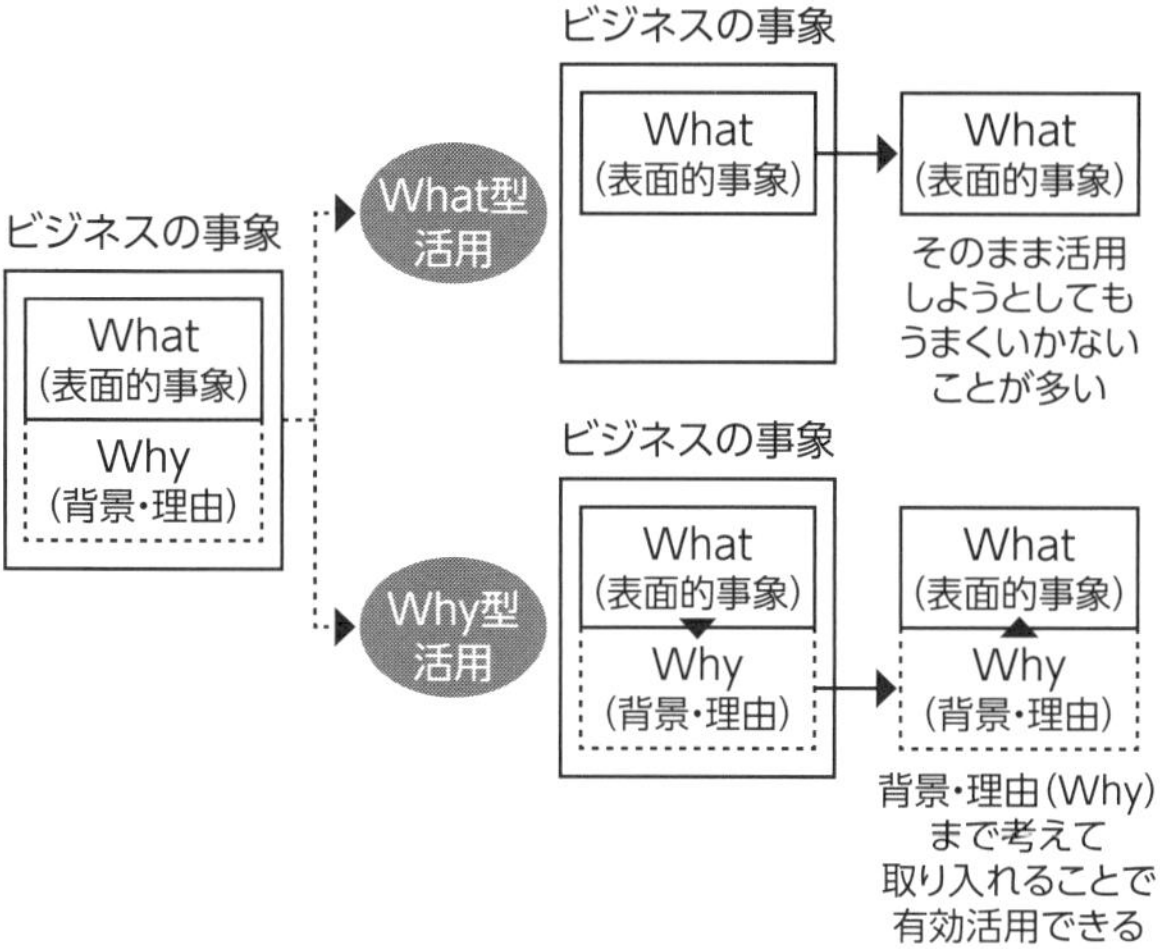

まくいかなかったということでしょう。あるいは成功体験のＷｈｙは「相手に合わせる」ということだったのかもしれません。

ケーススタディの応用　**成功事例の正しい活かし方とは？**

こういったケース、似たようなことは多かれ少なかれ皆さん経験されているのではないでしょうか。**成功体験をどう活用すべきかを考える上でも、ＷｈｙとＷｈａｔを切り分けて考えることが重要で**す。上の図を見てください。

成功であれ失敗であれ、私たちの身の回りで起きている事象というのは全て表面的に見えているＷｈａｔとその背景や理由であるＷｈｙの組み合わせでできているというのは、これまで見てきた通りです。そうした事象を活用する場合にＷｈａｔ型活用とＷｈｙ型活用の二種類があります。

Ｗｈａｔ型活用というのは、事象そのものを「そのまま」活用するということです。過去に成功した体験を「そのまま」使おうとしたり、他社がやっている成功事例を「そのまま」活用しようとするのがこの活用の仕方です。これは、ケーススタディでも見たように環境や適用する対象が変化した場合にはうまくいきません。なぜかと言えばその背景であるＷｈｙが変化してしまっているからです。あるいは第２章の「猿とバナナ」のエピソードを思い出してもらえれば、どんな組織にも「誰もＷｈｙを知らないＷｈａｔ」というのがたくさんあるのではないでしょうか。

これに対してＷｈｙ型の活用というのは、あくまでも**その事象がうまくいった、あるいはいかなかったときの背景や理由、またはそのときの「ものの考え方」を活用**しようというものです。「相手のことを十分思っているという熱意が伝わったから」とか、「変化している相手のニーズをうまく把握できたから」というのがこれに相当します。その場合にはＷｈａｔのレベルでは以前の事象と必ずしも表面的に似ている必要はないのです。

ここまで見てくれれば、「過去の成功体験を捨てろ」というのは**Ｗｈａｔのレベルは捨てて構わない（むしろどんどん捨てるべき）であるが、Ｗｈｙのレベルの成功体験はぜひ生かすべきである**と言うことができるでしょう。

ここまで述べた成功・失敗体験の活用ということを応用させると、「他人や他社の真似」をするというやり方も二通りあるという考え方はすぐに理解していただけるかと思います。Ｗｈａｔ型の真似というのは「形から入る」というアプローチで、これでうまくいくこともよくありますが、それは無意識のうちにＷｈｙのレベルも併せて取り入れているか、状況が同じなのでＷｈｙも偶然同じだったという場合です。いずれにしても、真似をするにしても単なる物真似ではなく、Ｗｈｙのレベルも十分に考慮することが重要になるでしょう。

◆「資料や数字の『一人歩き』」とは？

続いては、次の演習問題を考えてください。

【演習問題】

「資料や数字の『一人歩き』」とはどういう状況でしょうか？　Ｗｈｙ型、Ｗｈａｔ型の観点から考えてください。


ビジネスの世界では（他の世界でも）よく「〇〇が一人歩きする」という表現が使われることがあります。たとえばある条件の下で「仮の数字」という前提で算出した数字が「確定した」ものとして流布《るふ》してしまっているとか、ある状況で作成した資料が全く別の場面でもともと意図していなかった文脈で用いられてしまったりという状況です。

　これはなぜ起きるのでしょうか。「ＷｈｙなきＷｈａｔ病」のところでもお話ししましたのですでにお気づきかもしれませんが、この「一人歩き」の構図も先の「成功体験」の話と全く同じです。ある状況や背景（Ｗｈｙ）で用いられたものが、それを無視して表面的な部分（Ｗｈａｔ）だけ流用されているという点で「経験をそのまま流用してはいけない」という前節の教訓は対象が資料や数字になっても同じように当てはまるということです。つまり**「一人歩き」というのは、Ｗｈｙから分離されたＷｈａｔが一人で歩いているという状態**のことを言います。第２章の「ＷｈｙなきＷｈａｔ病」でご紹介した内容の具体的構図がここでも明らかになったと思います。

また「一人歩き」というキーワードで思い出されるのが食事のマナーです。もともとのテーブルマナーというのは「機能的に食べやすくする」とか、「他人に不快な思いをさせない」といった、「複数の人たちの間で、メンバー同士楽しく食事するため」という背景（Ｗｈｙ）から生まれてきたもののはずですが、いつの間にか食器はこう並べるとか、どの順番で食べるといったＷｈａｔの部分がまさに「一人歩き」して、それを守ることが目的のようになっている場合があるように思えます。その結果、マナーを気にするあまり食事がろくにのどを通らないとか、かえって挙動不審になって周囲の人からの白い視線を浴びるなど、全くおかしな状況になってしまうことがよくあるのではないでしょうか。これなどは典型的な「ＷｈｙなきＷｈａｔ病」と呼ぶことができるでしょう。

・Whatレベルの過去の経験に執着することは悪であるが、Whyレベルの経験は教訓として生かすべきである。

●What型商品開発はお客様の声を「そのまま」聞き、Why型商品開発はお客様の声は「そのまま」聞かない。具体的には下の表のような違いがある。

	What型商品開発 ⇔	Why型商品開発
対象顧客ニーズ	顕在ニーズ	潜在ニーズ
お客様の声とは…	声に出して言っていること	ココロの声で言っていること
基本的発想	「今あるもの」から発想	「今ないもの」から発想
戦う土俵	競合と同じ	新しい土俵（自分だけ）
イノベーションの種類	改善型（インクリメンタル）	抜本的（ラディカル）
競合商品は…	真似する	真似しない
流行とは…	乗っかるもの	作り出すもの

●WhyとWhatがいつの間にか分離してWhatだけになっている状態を「一人歩き」と言う。

第4章のまとめ

●私たちの身の回りの事象には、直接的に目に見えるWhatにその背景や理由となっているWhyが混在している。

●それらは注意して見なければ見抜くことができないが、Why／Whatを切り分けて考えると、世界が一八〇度変わって見える。具体的には以下のようなことである。

- Whatレベルをコロコロ変える「朝令暮改」は善だが、Whyのレベルの「朝令暮改」は悪である。
- Whatレベルの「素直な人」は単なる「そのまんまくん」だが、Whyレベルの「素直な人」は何事にも大成する人である。
- 「クリエイティブである」ためには、Whatレベルの斬新性に加えてWhyレベルの普通さが求められる。
- 「常識人」もWhyレベルとWhatレベルでは意味が異なる。
- 優れた芸術家とは、Whatレベルの卓越した技術性に加えてWhyレベルの「普通の」審美眼が必要とされる。

第5章

Why型思考のビジネスへの応用例

5-1 問題解決に生かすWhy型思考

ここまで で、Why型思考によって思考停止から抜け出すことの意義やそれによるものの見方の変化についてお話ししてきましたが、本章ではWhy型思考を具体的なビジネスの場面に適用した場合にWhat型思考とどういう差が出るのか、そして、どうすればより効果的なアプローチにより「今と違うやり方」ができるようになるかを解説したいと思います。読者の皆さんの職場でも近い場面が実際にあるはずです。

◆御用聞き型のそのままくんと提案型のなぜなぜくん

まずは問題解決の場面でのWhy型思考の応用例を見てみましょう。問題解決と言っても様々なレベルのものがありますが、ここでは身の回りのビジネス上の問題における「依頼者と解決者」との基本的なやりとりで、What型思考のそのままくんとWhy型思考のなぜなぜくんの対応が具体的にどう違ってくるかを解説します。身近な例での「依頼者と解決者」というのは、「顧客と営業マン」であったり、「上司と部下」であったり、あるいは友人同士でも夫婦や恋人同士の間でもよいわけですが、要は何らかの用事を頼む人と頼まれる人という関係であれば全て応用可能と考えてください。

ここでは「顧客と営業マン」という関係を想定します。状況設定として、何らかの商品（たとえばパソコンのような電子機器）を担当している営業マンが、以前から担当しているお客様に呼ばれた場面とします。ここでまずはそのままくんがどう反応するかをシミュレーションし、その問題点を考えてみましょう。

【演習問題】

What型思考のそのままくんの反応

お客様　「おたくのX－001（以前に買った商品名）、また持ってきてくれないかな？」

そのままくん　「はい、わかりました。X－001ですね。至急在庫と納期を確認してお見積書を作成します！」

お客様　「よろしく頼むよ」

一見何の問題もないやりとりです。実際毎日こんなやりとりは日本中で何万回とされていることでしょう。このやりとりのどこが問題なのでしょうか？

お客様の側は欲しい商品が手に入りそうであり、商品を販売する側もめでたく売上が上がる方向で、全く問題がないように見えます。でも以下の質問をよく考えてみてください。

・このお客様が指定してきた商品は、お客様にとって本当に最適の商品と言えるのでしょうか？（実はもっといい商品が提案できたのではないでしょうか？）
・たまたまこの商品はうまく提供できそうでしたが、何らかの事情（生産中止とか売り切れとか）で商品を提供できそうもない場合に、そのままくんはどう反応したでしょうか？（「すみません」と謝ってすごすごと引き上げてきたのではないでしょうか？）
・この商品は単独で納品するだけで機能するものなのでしょうか？　実は納品した後で「電池がない」とか、「印刷用紙がない」とかいうことでお客様の手をわずらわせることにならないでしょうか?

こう考えてくると、そのままくんの反応というのは落第点ではないものの、お客様をさらに喜ばせられるかという観点で見た場合に改善の余地がたくさんあることがわかります。

ここでのそのままくんの取った反応というのが、いわゆる「御用聞き型」の反応ということになります。つまり、お客様の言うことを「そのまま」受け取って、即座に次のアクションに移るということです。

では、次の演習問題を考えてみてください。

【演習問題】

同じ場面で、Ｗｈｙ型思考のなぜなぜくんはどう反応するでしょうか?

なぜなぜくんなら、たとえば次のように反応するでしょう。

お客様　「おたくのX－001、また持ってきてくれないかな？」

なぜなぜくん　「X－001ですか。去年お買い上げいただいたものですよね？　今度はどんな用途をお考えですか？　もしかして今のが壊れてしまったとかいう話ではないですよね？」

お客様　「いや逆だよ。使ってみたらなかなか使い勝手がいいっていうんで評判でね。別の部門でも使ってみようかっていう話になってね」

なぜなぜくん　「ありがとうございます。最近いろいろなお客様からそういうお話をいただいています。二台目ということでしたら、昨年のものと共通で使えるバックアップツールはいかがでしょうか？　データの共有にも使えるので、複数台お持ちのお客様にも重宝していただいていますが」

お客様　「それはありがたいね。確かにそれは役に立つと思う。値段はそんなにかからないよね」

なぜなぜくん　「最近の付属品はだいぶ安くなっていますよ。併せて納期とお見積もりをお持ちします」

そのままくんとの決定的な違いは、何でしょうか？

答えは、はじめに一言「どんな用途に使うのか」つまり、**「なぜ？」という質問を一言発した**ということです。これによってお客様のニーズ（追加したい）を引き出し、さらにそれに関連した提案を行うことでお客様の課題にさらに応えるとともに、売上も上がっていくというWin－Winの提案ができていることになります。

ここでは話を単純化しましたが、さらに二台目の用途についても「なぜ？」と問いかけていけば、追加でネットワークがいらないかとか、一台目の使い方との違いから二台目のオプションやアプリケーションを変えて提案できないかとか、話はいくらでも膨らむはずです。

◆「なぜ」の一言で押し返すことで、チャンスが広がる

そのままくんとなぜなぜくんの反応の違いを図解で整理しておきます。本事例でのWhatとは、はじめにお客様が言った言葉、つまり「〇〇ください」というものです。そしてWhyとはその商品を使う目的、つまり真のニーズということになります。

まずはそのままくんです。

お客様からのWhatを何の疑いもなく、「そのまま」受け取って次のステップである
納期確認や見積もり作成に入るということです。
これに対してなぜなぜくんの反応は違います。

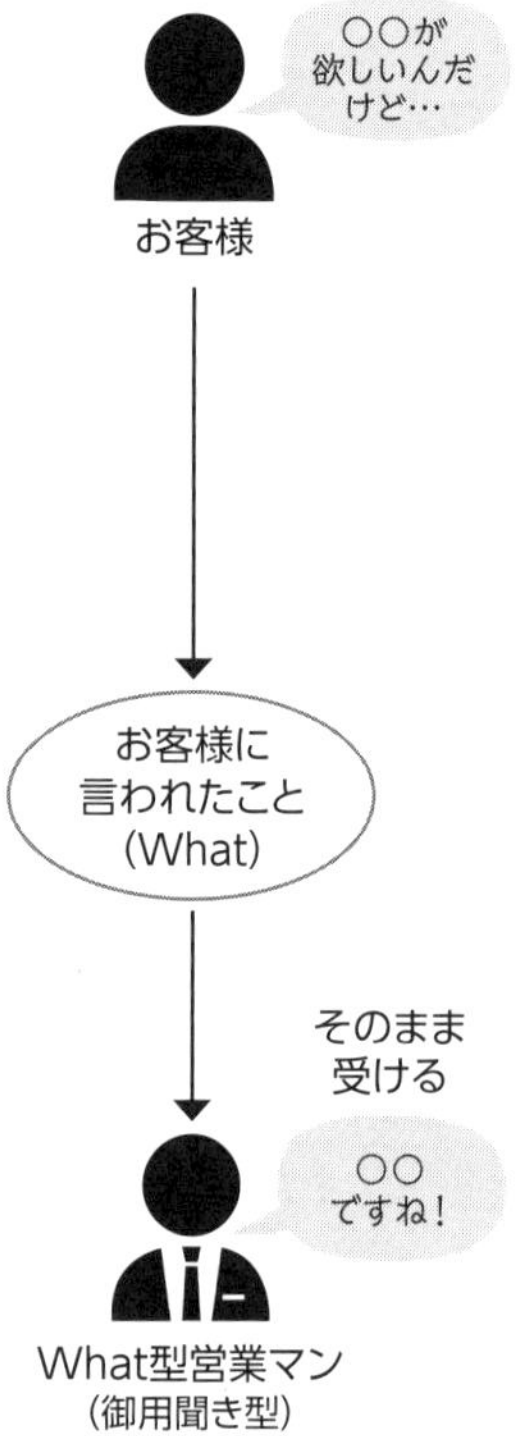

お客様に言われたこと（What）
そのまま受ける
○○ですね！
What型営業マン（御用聞き型）

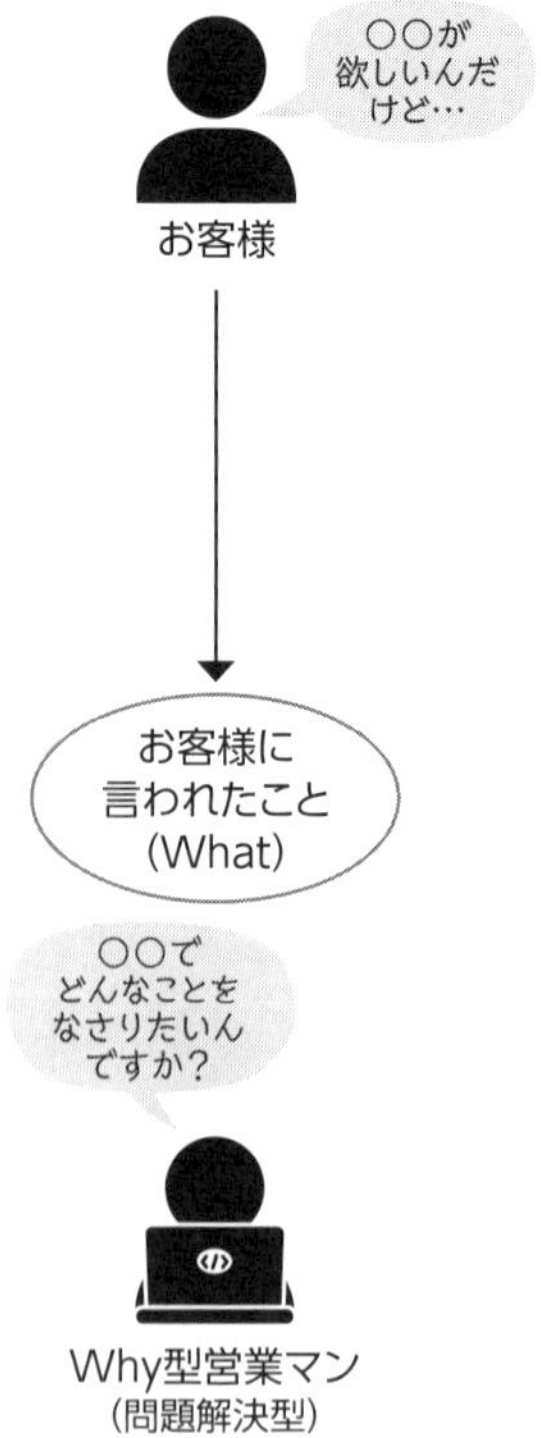

○○が欲しいんだけど…

お客様に言われたこと（What）
○○でどんなことをなさりたいんですか？
Why型営業マン（問題解決型）

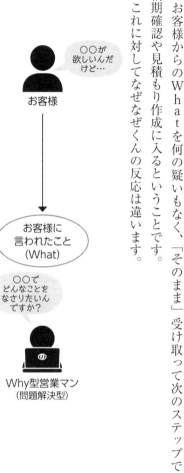

○○が欲しいんだけど…

お客様に言われたWhatを一度「なぜ？」の一言でお客様のほうに「押し返し」ます。

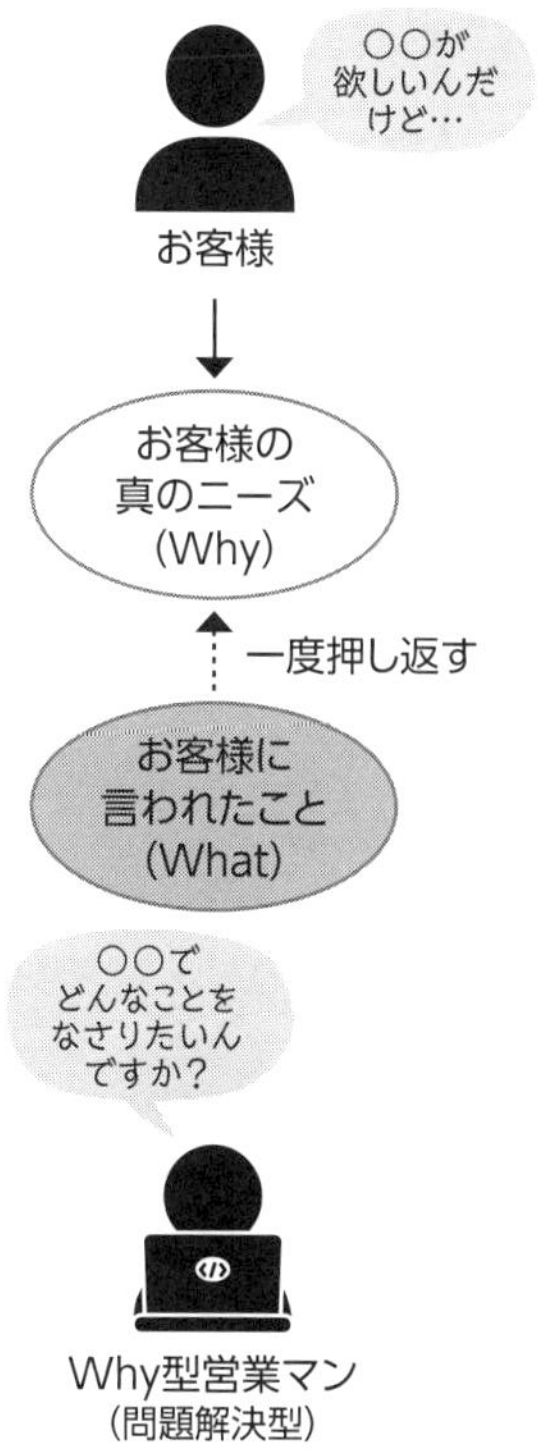

続いて、そこから抽出された真のニーズや目的であるWhyを解釈し、それに合った最適のWhatを提案し直す（追加する）ということです。

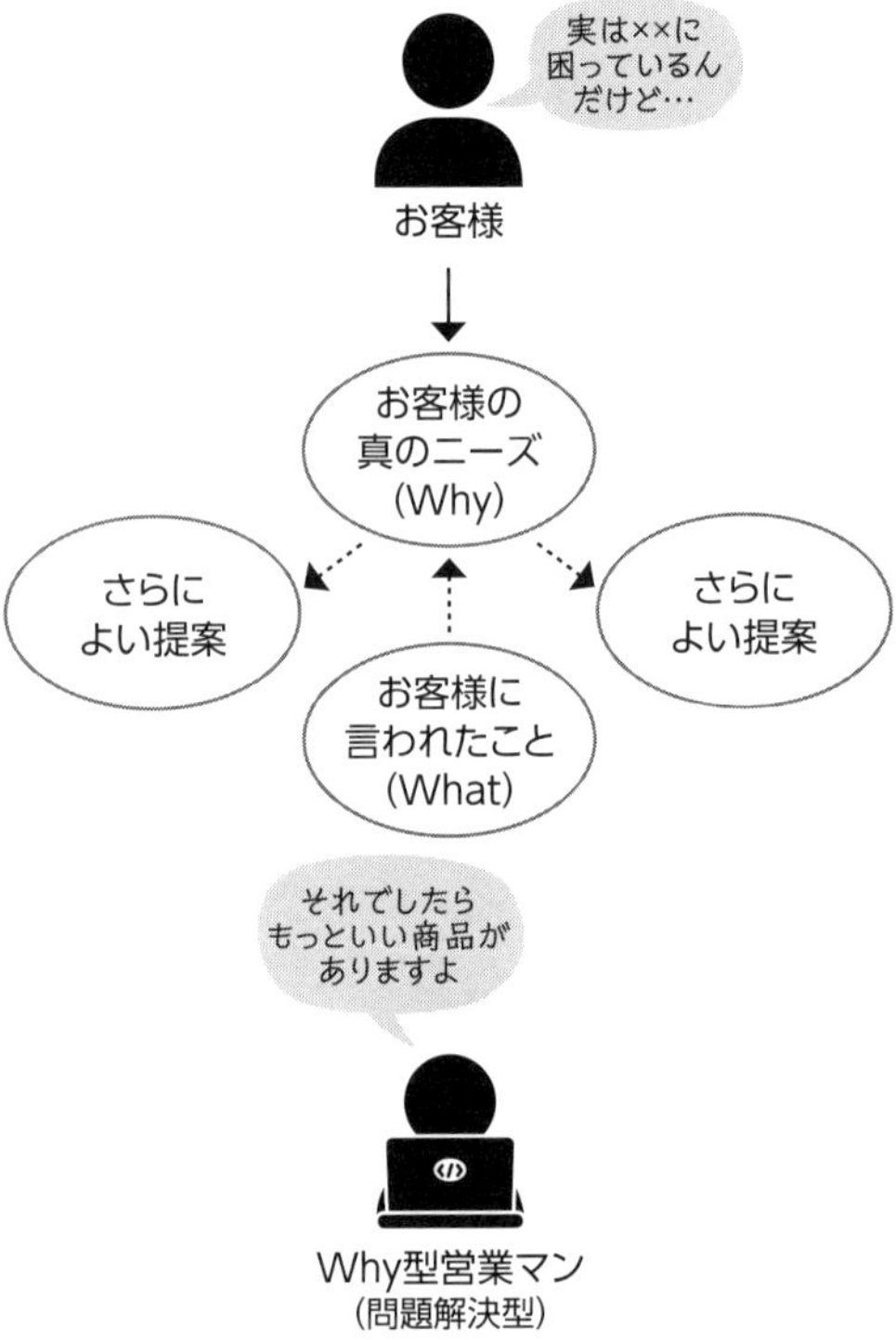

なぜなぜくんは「なぜ？」の一言でお客様のはじめの一言（What）を「押し返す」という行為によって真のニーズ（Why）に迫っています。ここがWhat型思考とWhy型思考の決定的な違いです。

「なぜ？」の一言で押し返すことによるメリットを整理すると、以下のようになります。

・お客様の真のニーズに合ったよりよい提案ができる
・言われた商品だけでなく、その他の必要なものも提案できる（自社商品のみならず）
・指定されたドンピシャリの商品がなくても代替案を提示できる
・「話が広がる」ことによって、お客様も気づかなかった潜在ニーズに気づかせることができる可能性がある
・自社になくて競合にある仕様を指定された場合でも、同等の機能を持つ自社商品を提案できる
・上記の結果としてお客様の満足度が上がり、長期的な信頼関係を継続的に築くことができる

ここまでは「顧客と営業マン」という関係で示してきましたが、「上司と部下」に置き換えても全く同じです。「そのままくん」型の部下は上司からの指示や依頼を「そのまま」受け取って実行しようとしますが、「なぜなぜくん」的にほんの少しでも考えることによって真の目的を意識した仕事の仕方ができるようになるでしょう。

5-2

コミュニケーションに生かすWhy型思考

◆壁に突き当たった部下にどうアドバイスする?

次は以下のようなケースを考えてみましょう。

【演習問題】

中堅システム会社に勤める入社五年目の営業職のAクンは、上司のB課長との今年度下半期の目標設定を行う時期になりました。入社以来着実に売上成績も伸ばしてきたAクンですが、最近少し一つの「壁」に当たっていると感じています。B課長の印象も同じでした。今までは着実に自社の製品の勉強やお客様の会社や担当者との人間関係の強化に努めてきました。一方でこれまでの営業スタイルが周りの先輩たちの見よう見真似のスタイルだったため、その限界が来ているのではないかと考えていま

図5-1 上司からの指示と部下の反応の組み合せパターン

		対する部下の反応	
		What型	Why型
上司からの指示	What型	ケース① （指示がWhatで 反応もWhat）	ケース③ （指示がWhatで 反応はWhy）
	Why型	ケース② （指示がWhyで 反応がWhat）	ケース④ （指示がWhyで 反応もWhy）

す。Ｂ課長はこれを打破《だは》するためもう少し大きな視野で自分のビジネスやお客様のことを考えたり、新しい解決策をお客様に能動的に提案したりするスキルをつけるために、幅広い読書や業務、会計知識などの勉強が必要なのではないかと思っており、これを今年の自己啓発上の目標に設定してもらいたいと考えています。

この場面でＢ課長からの目標設定に関する指示とそれに対するＡクンの反応に関して、上図のような四つのパターンが考えられます。

まず、ケース①のパターンでは、ＡクンとＢ課長の会話は、具体的にどんなものになるでしょうか？

ケース① 上司からの指示がＷｈａｔ型で部下

からの反応もＷｈａｔ型

ケース①では、次のような会話になるでしょう。

Ｂ課長　「今年の自己啓発の目標なんだけど、『一〇〇冊本を読む』っていうのはどうかな？」

Ａクン　「えっ⁉　一〇〇冊もですか？　でも一〇〇冊って言っても、どこまでを数えればいいんですか？　さすがに『ゲームの攻略本』は入らないですよね？　読みかけでやめちゃったのも一冊って数えていいんでしょうか。どこまでが仕事の範囲かっていうのも決めてくれないとわからないですよね」

ケース①の解説

まずはＢ課長からの指示は「一〇〇冊本を読む」と極めて具体的な目標（Ｗｈａｔ）です。非常に具体的なのはいいのですが、そこに本来の意図していること（Ｗｈｙ）が抜けてしまっています。それに加えて指示を受けた側のＡクンもＷｈａｔ型の反応をしています。「一〇〇冊本を読む」ということがさらに上位の目標（Why）を達成するための一手段ではなく、それ自体を絶対的な目的として受け取っているためにこういう反応になります。What型の思考回路では、「一〇〇冊本を読む」という目標を達成するための手段を考え始めるために、「『一冊』の定義は？」とか「どこまでを対象としていいのか？」という、この場での本質と全く関係ない枝葉末節《しようまつせつ》に関心が行ってしまっています。

【演習問題】

次に、ケース②の場合、どんな会話になるか、考えてください。

ケース② 上司からの指示がWhy型で部下からの反応はWhat型

ケース②では、次のような会話になることが考えられます。

B課長　「最近ちょっと伸び悩んでいるように見えるけど、どう思う？」

Aクン　「確かに自分でも今までに比べてこの一年はちょっとした壁に当たっているよう

な気がしますすね。原因は自分でももやもやしているんですけど……」

B課長「そうだよね。今までは周りの先輩から学んだやり方だけでやってきたから、さらにレベルアップするためには、少し視野を広げて、会計のこととか、一般的な営業のやり方だとかを学んでみたらどうかと思うけど、どうかな？」

Aクン「わかりました。でもそれって具体的にどうすればいいんでしょうか⁇」

ケース②の解説

今度のB課長からの指示は「視野を広げる」という、Aクンの「伸び悩み」の根本的な解決の方向性（Why）を示しているという半面、あまり具体的ではありません。この場合、受ける側のAクンの思考回路がWhat型だと、この指示をまともに受け取ることができません。What型思考の人というのは、すぐとりかかれるような具体的な内容の指示でなければ動けないからです。

B課長のほうからすれば、「具体的な方策は自分で考えてよ」と言いたいところでしょうが、これでは実際の効果につながるようなアクションにはならないでしょう。

【演習問題】

続いて、ケース③の場合はどうでしょうか？　考えてみてください。

ケース③ 上司からの指示がWhat型で部下からの反応はWhy型

この場合は、次のような会話になるでしょう。

B課長「今年の自己啓発の目標なんだけど、『一〇〇冊本を読む』っていうのはどうかな？」

Aクン「『一〇〇冊』ですか？　B課長が急にそうおっしゃるのは、何か背景や意図があってのことですよね？」

B課長「えっ!?　ああ、そうそう。そこから話したほうがよかったね。実はその通りなんだよ。どういう意図だと思う？」

Aクン「そうですね……実はここ一年、私ちょっと壁に当たったような気がしていて、どうもその原因は、目先のことばかりに目を向けていて、視野が狭くなっているんじゃないかと思っています。少しビジネス一般のこととか、新しい視点を持てるようにする必要があるかもしれません」

Ｂ課長「それは私の認識と全く同じだね」

Ａクン「やっぱりそうですか。では具体的に何をやるべきか考えてみます。『一〇〇冊本を読む』っていうのも確かにいいアイデアだと思いますので、具体的にどんな領域の本を読むべきなのか、周りの人や社外の知り合いにも相談してからまたお話しさせてください」

ケース③の解説

ケース①と同様に、Ｂ課長からの指示は「一〇〇冊本を読む」と極めて具体的な目標（Ｗｈａｔ）です。本ケースの①との違いは、反応する側のＡクンが今度はＷｈｙ型だということです。

いきなり具体的な目標を示されたＡクンはＢ課長のその真の意図（Ｗｈｙ）を確認します。これは前項で例に挙げた営業マンにとっての「押し返す」と同じことです。そこで、「視野を広げなければならない」というＷｈｙを共有したＡクンは具体的な実施手段は

「自分で考えます」ということで、能動的なアクションに展開されています。こうなれば、今年度の目標設定というのは、あくまでも自分で考えたものですから、お仕着せのものとならずに実行できる可能性も高まることでしょう。

【演習問題】

最後に、ケース④の場合は、どんな会話になるでしょうか？

ケース④　上司からの指示がWhy型で部下からの反応もWhy型

この場合は、次のような会話になるでしょう。

B課長　「最近ちょっと伸び悩んでいるように見えるけど、どう思う？」

Aクン　「確かに自分でも今までに比べてこの一年はちょっとした壁に当たっているような気がしますね」

B課長　「そうだよね。今までは周りの先輩から学んだやり方だけでやってきたから、さらにレベルアップするためには、少し視野を広げてみたらどうかと思うけど、どうかな？」

Aクン「そうですね。少しやっていることがパターン化してしまって、それがうまくはまらなかったときの応用が利かなくて……確かにその理由として、視野が狭くなってしまっているというのはあるかもしれません。正直個別の商談に追われてしまって、そもそもどうあるべきだろうかとかを考える余裕がありませんでした」

B課長「どうすればいいと思う？」

Aクン「そうですね……まずはいろいろな本を読んだり、ビジネスの一般的スキル、たとえば会計なんかを広い範囲で勉強してみるのがいいかもしれませんね。具体的にどんな領域の本を読むべきなのか、周りの人や社外の知り合いにも相談してからまたお話しさせてください」

ケース④の解説

本ケースでもケース②と同様B課長からの指示は「視野を広げる」という、Aクンの

「伸び悩み」の根本的な解決の方向性（Ｗｈｙ）を示しています。これに対してＷｈｙを常に考えるＡクンは、自分の今の課題のＷｈｙを考えることで「現状視野が狭い」という、自分なりの課題の理由を自分でもきちんと頭の中で検証して確かにそのＷｈｙが間違いなさそうであることを確認しています。その後でB課長からの問いかけに対して自らＷｈａｔを考えていくという姿勢もケース③と同様にできています。

全体のまとめ

ここまで見てきた四つのケースを総括してみましょう。各ケースの特徴をまとめた図5−2（次ページ）を見てください。

「総評」欄に各ケースの特徴を記してあります。ケース①は部下がいつまでも独り立ちできないケース。鳥の巣にいる口を開けて待っているひな鳥に嚙み砕いた餌をやる親鳥のような構図です。部下のＷｈａｔ型はいつまでも改善されず、Ｗｈｙが共有されていないために誤解が生じるリスクもあります。ケース②は一番誤解が多いケース。Ｗｈａｔ型の部下は「そのままできる」指示でなければ動けません。ケース③は部下のほうが上司より上手《うわて》で上司としては恥ずかしいケース。そして最後のケース④は「上司が方向性を示して、

図5-2　各ケースのまとめ

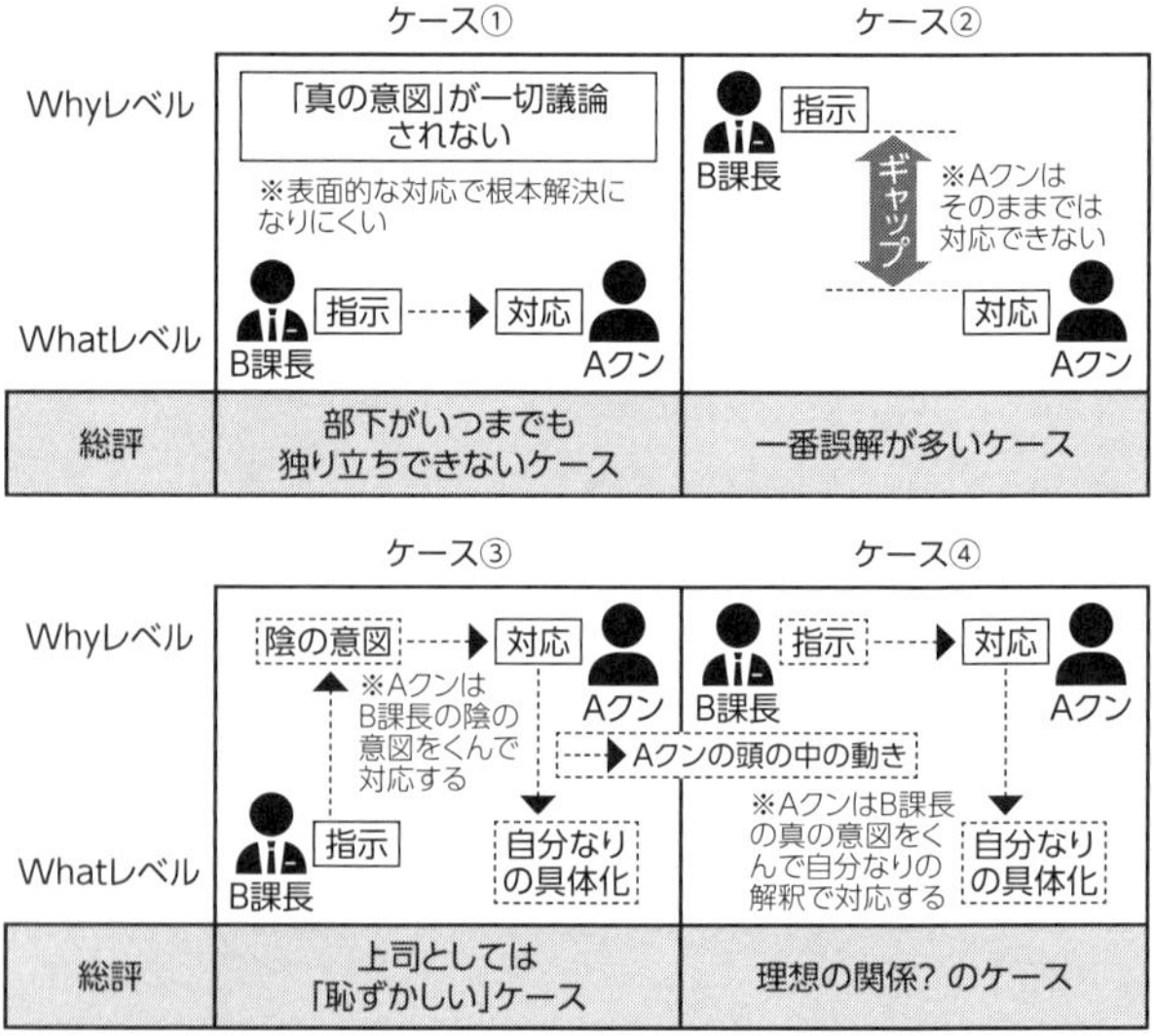

部下がその意図を十分くんだ上で具体的なやり方を考える」という、ある意味理想的な上司と部下の関係のケースと言えるでしょうか。

もちろん以上で解説してきたことも、そのときの状況によってケースバイケースではあり、たとえば「時間がないとき」などはいちいち指示を漠《ばく》とした方向性で出すWhy型よりは、誤解のない形で明確かつ具体的に出すWhat型の指示のほうがよい場合もあります。また、What型の部下をWhy型に変えていくためには、

「Ｗｈｙ＋Ｗｈａｔ型」の指示を与えて、徐々にＷｈａｔの割合を減らしていくのが有効と言えるでしょう。

ここでは「上司と部下の関係」についてＷｈｙ／Ｗｈａｔという観点で見てきました。これらの構図を理解した上で、職場のコミュニケーションに臨んで対応していけば、これまでの「もやもや」をかなりすっきりさせて、効率的に仕事ができるようになるのではないでしょうか。必ずしもどの組み合わせがよくてどれが悪いというわけではないですが、これらのパターンを理解しておいてうまく使い分けるのがポイントではないかと思います。

また、今回例に挙げた「一〇〇冊本を読みなさい」を「お客様を毎日五件回りなさい」「会議は二時間以内に終わらせなさい」「一日三〇分英語のヒアリングをしなさい」などの他の指示に読み替えれば、いろいろな場面で本稿のようなことが起きていると応用して考えることもできることでしょう。

◆上司と部下のギャップが生まれるメカニズム

次も「上司と部下」という場面で、コミュニケーションギャップのメカニズムをＷｈｙ型／Ｗｈａｔ型の観点で説明したいと思います。今度は、ビジネスの日常で非常によく発生すると考えられる上司と部下の間の会話から、そこに含まれている根本的な認識の違いとそのことが引き起こすお互いの理解の相違の原因を考察してみたいと思います。

次の演習問題を考えてください。

【演習問題】

ケーススタディ　A主任と営業担当Bさんとの会話

A主任「Bさん、最近なかなか商談が成約しないみたいだけど、どんな感じ？」

Bさん「いや、いろいろなお客様のところを回ってはいるんですけど、今のご時勢ではどちらもなかなか厳しいんですよね」

A主任「ちゃんとお客さんの話とか悩みとか聞いてる？　ただ回っているだけじゃないよね？」

Bさん「それはいつもAさんに言われているので、やっていますよ。ただやっぱりなかなか難しいですねえ」

A主任　「本当かなあ……表面的なことだけじゃなくてお客さんの本当の課題とか聞き出せてるの？　突っ込みが甘い気がして仕方がないんだけど」

Bさん　「でもそれって具体的にどうすればいいんでしょうか。それぞれお客様にはいろいろな個性の人や事情があって、自分としてはそれなりにやっているつもりなんですけどね……」

こういう会話は営業現場に限らず、およそ「上司と部下」の間ではどんな役割であれ起こっているのではないかと思います。言葉には出しませんが、上司が心の中で思っていることは『悩みを聞いている』っていったって、どうせ『何かお悩みはありますか？』って文字通りの質問だけして、『ありません』って言われたらそのまま信じて帰ってきているだけだろう……オレが直接現場に出ていければ、絶対にもっとうまくやってやるのに」であり、反対に部下のほうとしては、「こっちはちゃんとやっているのに、実際に現場にも来ないで正論ばかり吐《は》かれても困る」というものであることは容易に想像ができます。

こうしたコミュニケーションギャップというものはどういうメカニズムで起こっているのでしょうか？

一般的に上司というのは、これまでに成功体験を積み重ねてきた人でしょうから、蓄積した経験から来る商談へのアプローチの仕方やお客様からの本音《ほんね》の引き出し方という「考え方」にすぐれた人であると考えられます。

一方で部下というのは経験やものの考え方で劣《おと》る半面で「現場の情報量」で勝っていると考えられますので、このギャップによってコミュニケーション上のトラブルが発生すると考えるのが妥当でしょう。

これを本書のキーワードであるＷｈｙ型思考とＷｈａｔ型思考という観点で解説してみると、まさにＷｈｙ型とＷｈａｔ型の対立構図と言うことができます。次ページの図５－３を見てください。

Ｗｈｙという「ものの考え方」や「実際に起きていることの原因や背景」に目を向けている上司とＷｈａｔという実際に現場で起こっている事象そのものに目を向けている部下とでは会話が噛み合わなくなるのは当然のことでしょう。

図5-3　上司と部下のコミュニケーションギャップのメカニズム

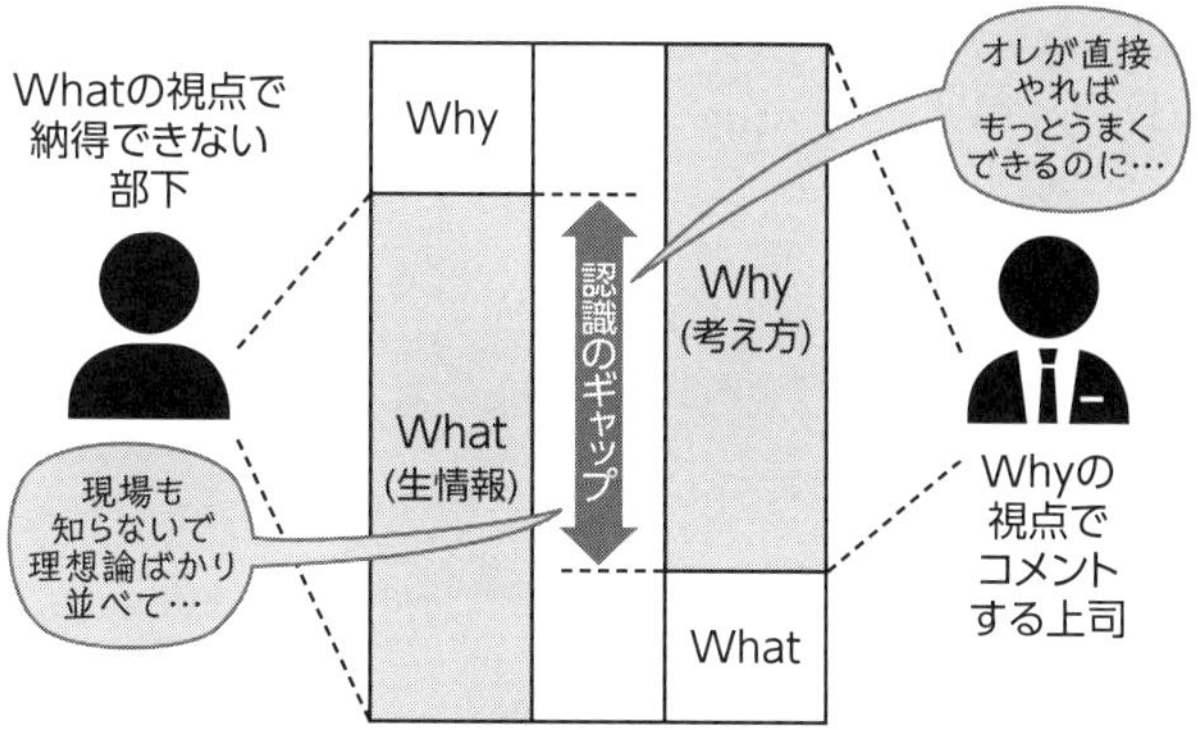

こうしたギャップを解消するためには、まずお互いにこのギャップの構造を認識し、共有することが重要ではないかと思います。次に上司の側は「ものの考え方」というＷｈｙの甘さを指摘し、未熟さを追及するだけでなく、現場で起こっている具体的な情報というＷｈａｔをしっかりと聞き出した上で、ＷｈｙとＷｈａｔを組み合わせて具体的にどうすべきかをアドバイスすべきでしょうし、部下の側は、自分の「ものの考え方」に関する甘さを十分に認識した上で、自分が直接見聞きしている事象を正確に上司に伝えることによって、Ｗｈｙを押さえた上でさらに高い視野から生のＷｈａｔをいかに料理して次のステップにつなげるべ

きかという観点で助言を仰ぐべきでしょう。

ここまでお話ししたことは「上司と部下」という構図をたとえば「本社と現場」と置き換えてもほぼ同じことが当てはまるのではないかと思います。一般的に「本社」というのは「全体視点」「長期視点」、あるいは「戦略的なものの考え方」という点でWhy型思考に一日《いちじつ》の長《ちょう》がありますが、当然ながら現場の情報というWhatの点では欠けています。

一方で「現場」というのは日々起こっている個別事象というWhatがよくわかっている半面、ものの考え方という点では近視眼的、部分最適的かつ短絡《たんらく》的になってしまいがちで、お互いに「わかっていないなあ」という、先述の「上司と部下」の構図と全く同じになってしまいます。

これも根本をたどれば、Ｗｈｙ型思考とＷｈａｔ型思考の対立構図であるということはおわかりいただけるのではないかと思います。

5-3 提案に生かすWhy型思考

◆代案の出し方の松竹梅

Why型思考の最大の特長の一つが、一つの案に満足するのではなく次々とオプションや代案を出していくことです。Why型思考で代案を出すというのは、単に反論するとか、別の案を出すというのとは一味《ひとあじ》違っています。この章の最初に解説した**「押し返す」というのが代案を出すための有効な手段**と言えます。ここでは、What型思考とWhy型思考では代案の出し方がどう違うのかを論じてみたいと思います。「有効な代案を出す」というのは、仕事をする上で非常に重要なコアスキルと言えますが、表面上同じように見える代案を出すという行為にもWhy型とWhat型ではっきりとした違いがあることをおわかりいただきたいと思います。

具体的な「代案の出し方」に入りたいと思いますが、先に出した「お客様と営業マン」の関係であれ、「上司と部下」の関係であれ、私たちの日常業務というのは、「人から何か頼まれて、それを何らかの形で解決する」という問題解決の連続で成り立っていると思います。

これをもう少し段階を踏んで見てみます。ここでは「お客様と営業マン」という設定で具体的に考えていきます。お客様側から商品に関しての何らかの要望なり希望が出されたところからスタートしましょう。その要望がすぐに満足できるもの、たとえば在庫があってすぐに出荷できる商品を○個くださいといったものであれば、全く問題ないはずです。

ところがここでの要求が、お客様の言ってきたものがすぐには提供できないもの、たとえばすでに生産中止のものであったり、しばらく在庫切れで入荷の見通しが立たないものであったり、あるいは競合にしかないような仕様を持った商品だったりしたと仮定してみます。

まずはビジネス的に言って最悪の答えは、「ご要望の商品はありません」と言って断ってしまうことでしょう。これではお客様を落胆《らくたん》させるだけでなく、自社の売上も上がらず、誰も得をすることはないからです。したがって普通の感覚を持った人であれば、何ら

図5-4　代案の出し方の松竹梅

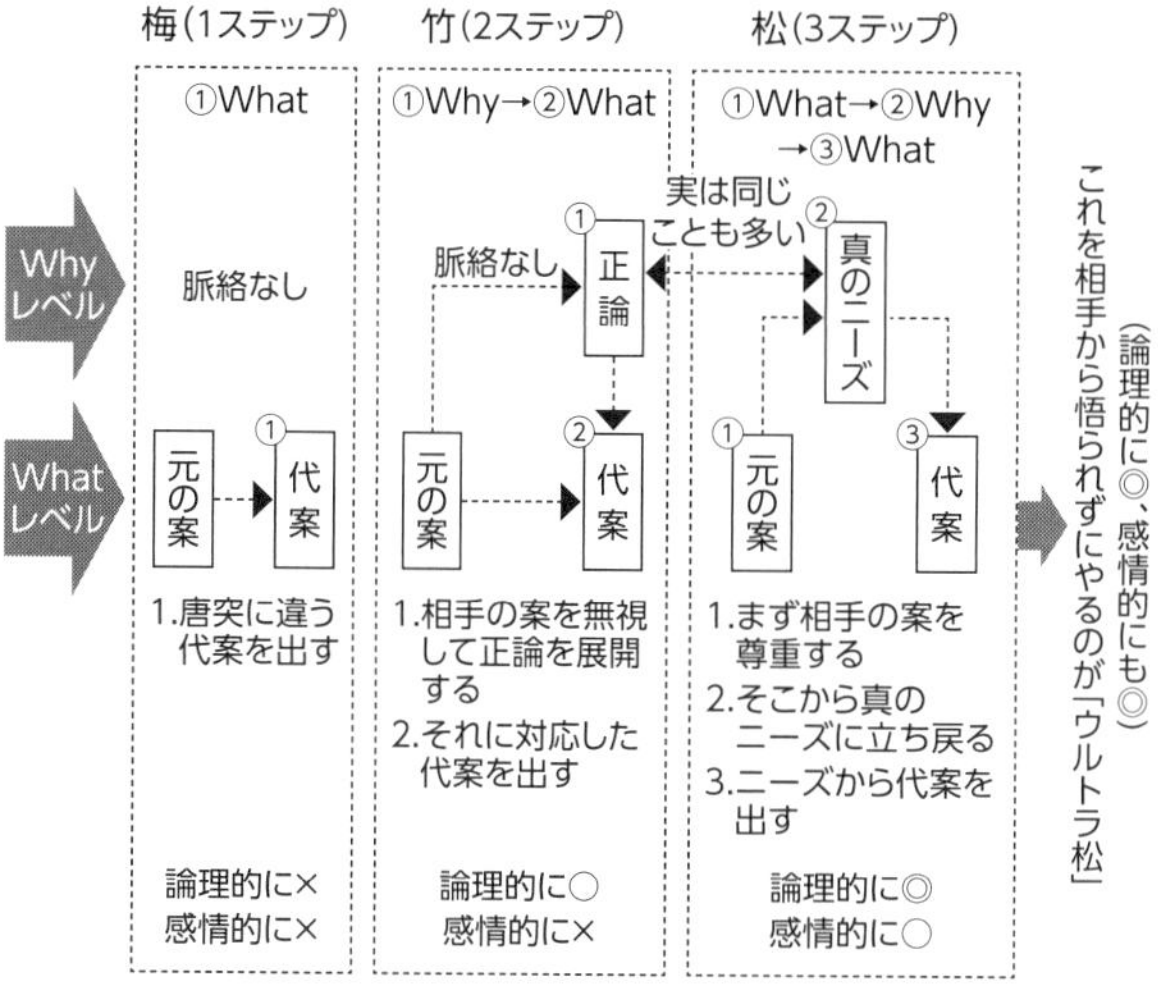

かの「代案」を出そうと考えるでしょう。ここでＷｈｙ型発想というものが生きてきます。

◆唐突に違う代案を出すのが「梅」の対応

まずは一番「芸のない」代案の出し方というのは、トランプですでにある「手持ちのカード」を出すように、「今ある商品」や「自社のおすすめ商品」など、お客様に言われた元の案とは何の脈絡《みゃくらく》もない代案を提示することです（これをここでは「梅」案と呼んでおきます……図５－４を参照してください）。

買い手　「〇〇ないですか？」
売り手　「今〇〇は品切れなんですが、今キャンペーン中の××はいかがでしょう？」

ついついやってしまいがちではありますが、こういう「プロダクトアウト」的な一〇〇％提供者側の論理では、お客様の実質的に満足する提案ができないだけでなく、感情的にも害してしまう可能性が高いでしょう。私たち自身が買う側に立ったと考えてみればわかりますが、あまり適切ではない代案の出し方です。

これは元をたどれば、事象をＷｈａｔのレベルでしか捉えていないために、「お客様から言われたＷｈａｔ」から「提供できるＷｈａｔ」に話をすりかえただけと言えます。

◆そもそもの正論を唐突に吐いて、代案を出す「竹」の対応

続いて次の代案の出し方は、多少Ｗｈｙ型思考の要素が入ってきます。一応何らかの「理由づけ」をした上で代案を出すというやり方です。たとえば、「今流行《はや》っているのはこういうタイプですよ」とか、「理論上で考えるとこうなりますね」あるいは、「〇〇さん

（著名人や学者）はこんなことを言っていますよ」「××社さん（業界のリーディング企業）はこうやっていますよ」などと「正論」とも言える理由づけや権威づけと一緒に別の案や商品を提示するというやり方です（図の真ん中……ここでは「竹」案と呼びます）。

これは一見「理由づけ」というＷｈｙのレベルからＷｈａｔが出てきている分、闇雲《やみくも》に別の選択肢を出す「梅」案よりは多少はましに見えます。ところがこの「竹」案の問題は、一見正論に見えるこの理由づけがはじめのお客様の案とは何の脈絡もなく出てきたという点で、再度提供者側の論理であることです。

十分に真のニーズに応えた適切なものであるかについても疑いの余地がありますが、これは主として論理というよりは、感情面でお客様への影響が大きいでしょう。いくらそれが「正論」だとはいえ、自分のはじめの意見を（もし実際に「的外れな」ものであったとしても）全く無視して出されたものであった場合、感情的に愉快なものとは言えません。中途半端に「勉強」していたり、「理に勝った」性格の人にありがちな代案の出し方ではありますが、これではうまくいかないことが多いと思います。ある意味でこれは「ゆがんだＷｈｙ型思考」の弊害と言えるかもしれません。

◆相手の案を尊重しながら真のニーズに戻るのが、「松」の対応

では、真にWhy型思考の訓練を積んだ人はどんなふうに考えるでしょうか。これが「松」案になります（図の一番右）。

「竹」案の短所も踏まえて、この「松」案では、まずお客様のはじめの案（What）を徹底的に理解するところから始めます。そのためにはじめの案の「真の意図」（Why）を、きっちりとヒアリングして理解することによってあぶり出します。そこで出てきたWhyを十分に理解した上で最善の選択肢（What）を提案していきます。たとえば、「それはこういうことですか？」「それを使ってどんなことをおやりになりたいのですか？」といった形で質問によって、「実はこんなことがやりたいんだけどなあ……」という、ときに漠然としたお客様の真のニーズに迫り、「それでしたらもっといい商品がありますよ」といった形で、はじめにお客様が指定してきたものよりさらによい代案を出していくといった具合です。

つまり**一度お客様のWhy側に「押し返した」後にそのWhyに合致する最善のWhatを再選択して提示する、「ブーメラン型」の提案**ができるというのが、真にWhy／Whatのツリー構造を熟知したWhy型思考のアプローチと言えるでしょう。こうすれば、論理的にも最適な解答が導けるとともに、感情的にも害することなく他のオプション

にたどり着くことができるようになるでしょう。これは前述した「押し返す」ことをさらに複雑な状況に適用してうまく代案に導くというテクニックです。

この「松」案はいろいろな応用ができます。この例ではお客様の言ってきた選択肢がなかったので、「仕方なく」代案を出したわけですが、他にもお客様の言ってきた選択肢はあるにもかかわらず、どうもそれが本当にお客様の真のニーズを満たすものではないと感じたときに、あえてこのプロセスを実行することで、さらによい選択肢を提示して満足度を上げてもらうことができるでしょう。往々にしてお客様がはじめに指定してきた選択肢というのは実は最適のものではないのです。たとえば、新製品が出ているのを知らず「単に以前に買ったもの」を指定しているだけだったりするからです。5－1の「押し返す」の説明も再度思い出してください。

◆さらに進んだ「ウルトラ松」とは？

さらに「松」案には「上級編」が控《ひか》えています。「松」案というのは、お客様のはじめの意見を間接的に「押し返す」ことによって代案を出してくるというアプローチでしたが、これを**「お客様自身も気づかないように押し返して、選択肢まで自分で考えたようにする」**のがさらに上級者コースの「ウルトラ松」ということになります。理由の探求に続いて、たとえば「こうだったらどう思いますか？」とか「それってたとえばどういうイメージでしょうかね？」といった質問を繰り返すことによって、お客様自身に選択肢を「気づかせる」あるいは「選ばせる」というやり方です。これは難易度も高いですが、これができると「自分で選んだ」という満足感によってその選択肢へのお客様自身の思い入れも強くなり、その後の満足度が非常に高いものになるでしょう。

ここでは、ＷｈｙとＷｈａｔが「一対複数」の関係であることに着目して、それを応用した代案の出し方について考えました。もちろん、対象とする商品や相手によって、必ずしも松が常によくて梅が悪いというわけではありません（たとえば、スピードが要求される場面、単純な商品、あまりこだわりがないお客様に対しての場面などです）。しかしながら概《がい》して言えば、**Ｗｈｙ型思考になれば、単純にＮｏと言う回数が減って相手の要求に応えられる機会が増えるとともに、もともと相手が思ってもいなかったような解決策を提示して満足してもらえる機会も出てくる**ようになります。

第5章のまとめ

- Why型思考はビジネスの様々な場面に活用できる。
- 営業の場面では、「押し返す」ことによってお客様の真のニーズに応えることができる。
- Why型思考営業マンの辞書に「値段で他社に負けた」はない。
- 上司から部下への指示や指導でもWhyとWhatを意識して、どちらの話をしているのかを明確にする必要がある。
- それによって、成果物の品質や部下の成長スピードが変わる。
- 上司・部下のコミュニケーションギャップの根本原因の一つは、上司はWhyを見て部下はWhatを見ていて話が噛み合わないからである。
- Why型思考の人は代案の出し方がうまい。

第6章

「そのままくん」の原点はWhat型教育にあり

6-1 What型教育とWhy型教育は何が違うのか？

「そのままくん」は、これまでの「知識詰め込み型教育」の産物とも言えます。人材育成という観点でもWhat型の人材が育つ環境や制度とWhy型人材が育つ環境や制度は一八〇度異なるものです。本章では人材育成という観点からWhy型とWhat型という二つのパラダイムを比較したいと思います。基本的には私が直接的に見聞きしている、ビジネスの現場を中心とした企業での「大人の」人材育成の議論を展開しますが、現在日本をリードしている人材を生み出した学校教育についてもWhy型とWhat型という対極の比較から論じてみたいと思います。

まずWhat型教育とWhy型教育との考え方について解説した上で、What型教育がもたらした弊害や、今後Why型教育を強化するにはどうすればよいかについて具体例も交《まじ》えて解説します。

◆全く正反対のWhat型とWhy型の人材育成の考え方

人材育成についてのWhy型とWhat型との基本的な考え方の違いを見ていきましょう。そもそもの考え方がWhy型とWhat型では大きく異なるのです。

「はじめに（オリジナル版）」他で述べた通り、これまでの日本の教育というのは、まず学校教育が知識詰め込みのWhat型教育であり、また企業内でもこれに準じた「正解を覚える」型のものが重要視されてきたのではないかと思います。

しかしながら、欧米へのキャッチアップとしては機能したこの教育と、Why型の人材が育つための教育とでは一八〇度考え方が異なります。

次ページのイラストに両者の基本的スタンスの比較を示します。

まずWhat型の教育というのは、教える側と教わる側に「知識差」があるのが前提です。この知識差を利用して、持っているものから持っていないものへの知識の移転をするというのがWhat型の教育です。これに対して**Why型教育の基本スタンスというのは、相手の思考回路を刺激して「考えさせる」こと**にあります。この基本スタンスの相違がWhat型教育とWhy型教育の根本的な考え方の相違を生むことになります。本章末のまとめ欄に比較表を挙げておきますので、本章を読みながら、あるいは読み終わった後

What型教育とWhy型教育の違い

で参照していただければと思います。

　まず「指導者」の位置づけから考えてみましょう。Ｗｈａｔ型教育で大前提となるのは「知識差」ですから、指導者というのは必ず教わる側よりも、教える対象となる知識の量で圧倒的に勝っている必要があります。つまりＷｈａｔ型教育においては「先生は偉くなければならない」のです。あるいは指導者というのは必ず「正解」を持っていなければなりません（別の言い方をすると、もし本人の頭の中にそれがなければ「模範解答集」さえ持っていれば指導者になれるということです）。

これに対してＷｈｙ型の教育というのは少し違います。あくまでも相手に考えさせることが指導者のミッションですから、**必ずしも「生徒より偉い」必要はない**のです。勘違いしないように補足しておくと、「生徒より偉くなくてもよい」というのは「誰でもできる」というのとは違います。生徒と同じ土俵で上回っている必要はありませんが、「引き出す」という点で特別のスキルが必要になるということです。

ちょうどスポーツ選手とコーチの関係を考えてみればわかりやすいでしょう。基本的に「コーチ」というのは選手より「できない」人です（もしできるのであれば選手をやるでしょうから）。でもそれは必ずしも誰でもできる、難易度が低い仕事であることを意味しません。実際にプレーするというのとは違う土俵ですぐれた技量が必要になるということです。

もうお気づきの方も多いと思いますが、これは文字通り「コーチング」のテクニックということになります。**Ｗｈｙ型教育ではこの「コーチング」のスキルがより重要になります。**昨今《さっこん》のコーチングブームの原因の一つには、このＷｈｙ型教育のニーズが高まってきているということがあるのです。

◆What型人材は「育てられ」（他動詞）、Why型人材は「育つ」（自動詞）

「考える」という行為が極めて自発的な行為である以上、What型とWhy型の人材育成で決定的に違うところは、What型というのは受け身でも育ちますが、**Why型の人材というのは本人が自発的にそうならない限り絶対に育つことはない**ということです。したがって、What型人間というのは他人が「育てる」ことはできても、Why型人間というのはいくら周りが騒いだところで絶対に「育てられる」ものではないのです。

暗記型で知識を詰め込むWhat型教育と自ら考える力を養うWhy型教育とでは成長の仕方もおのずと変わってきます。What型教育における成長というのは、かけた時間にほぼ比例すると考えればよいでしょう。典型的なのはたとえば英単語の習得です。学習の仕方によってももちろん効果は変わってはきますが、基本的にはかけた時間に比例して語《ご》彙《い》が増えていくのは間違いありません。あるいは掛け算の九九の暗記というのも同じです。

これに対してWhy型はどうでしょうか。Why型教育の成果というものはあくまでも「自ら考える」ことによるものです。「自ら考える」と口で言うのは簡単ですが、これを習得するには初期段階では時間がかかります。いわば白紙にオリジナルの絵を描いていくということですから、はじめは何を描いてよいのかもわからずにアウトプットが出てこない状況というのがしばらく続くでしょう。しかし試行錯誤の末に自ら考えるという方法論をつかんでしまえば、後は飛躍的にアウトプットが伸びていくはずです。

Ｗｈａｔ型は「押し込む」というプッシュ型でもいいのですが、Ｗｈｙ型は最終的に必ず「引き出す」ほうのプル型でなければなりません。そう言えば、英語の Education の語源をたどればラテン語の ex（外へ）ducere（引き出す）という言葉に行き着きます。

これまで述べてきたことを別の言い方で表現すれば、Ｗｈａｔ型教育での人材は「育てる」対象ということでいわば「他動詞」の対象なのですが、Ｗｈｙ型教育での人材というのはあくまでも「育つ」という「自動詞」でなければならないということです。アイルランド出身の劇作家で数々の名言を残しているジョージ・バーナード・ショーは、「人に何かを教えても、その人は何も学ばないだろう」(If you teach a man anything, he will never learn.) という言葉を残していますが、これはまさにＷｈｙ型思考においてはドンぴしゃりに当てはまります。

人にも様々なタイプがいますから、「教わって」伸びる人もいれば、「教わらずに自分で」伸びる人、あるいは「教わった上でさらに自分で」伸びる人もいるかと思います。ただ間違いなく言えることは、**「教えてもらおう」という「知的依存心」がついてしまった人は自分で考えることをしなくなってしまう**ということです。「教える」ことによる最大のリスクは、教わる側が「口を開けて待っているひな鳥」のような依存心を身につけてしまうことです。したがってそう簡単には、「教えるが、その結果として本人も育っていく」というある意味理想とも言える状況はできないということでしょう。

結局は「教わらずに盗む」というのが、自動詞で育つための典型的な状況ということになるのではないでしょうか。Ｗｈｙ型思考の観点から言えば依存心というのは諸悪の根源です。

6-2 Ｗｈｙ型とＷｈａｔ型では「成長曲線」が違ってくる

◆Ｗｈｙ型教育は二極化を促進する？

ここまで様々な観点からＷｈａｔ型教育とＷｈｙ型教育の相違を見てきましたが、その結果として両者の成長の仕方というのも異なる経緯をたどるのではないかと思います。次ページの図を見てください。

まず大前提にあるのが、Ｗｈａｔ型は受け身でも「育てられる」のに対して、Ｗｈｙ型は能動的に育つ以外にはないということです。したがって、Ｗｈａｔ型教育のためには恵まれた環境を用意して丁寧に教えることで着実に効果が現れるでしょう。

知識を詰め込まれて「育てられた」人は着実に時間に比例して成長していきますが、逆に言えば爆発的に型破りな成長をする可能性も少なくなります。恵まれた大企業の教育制度は一見すばらしいように見えます。人材のあるべき姿が定義され、そのために必要な力

図6-1　What型とWhy型の成長曲線

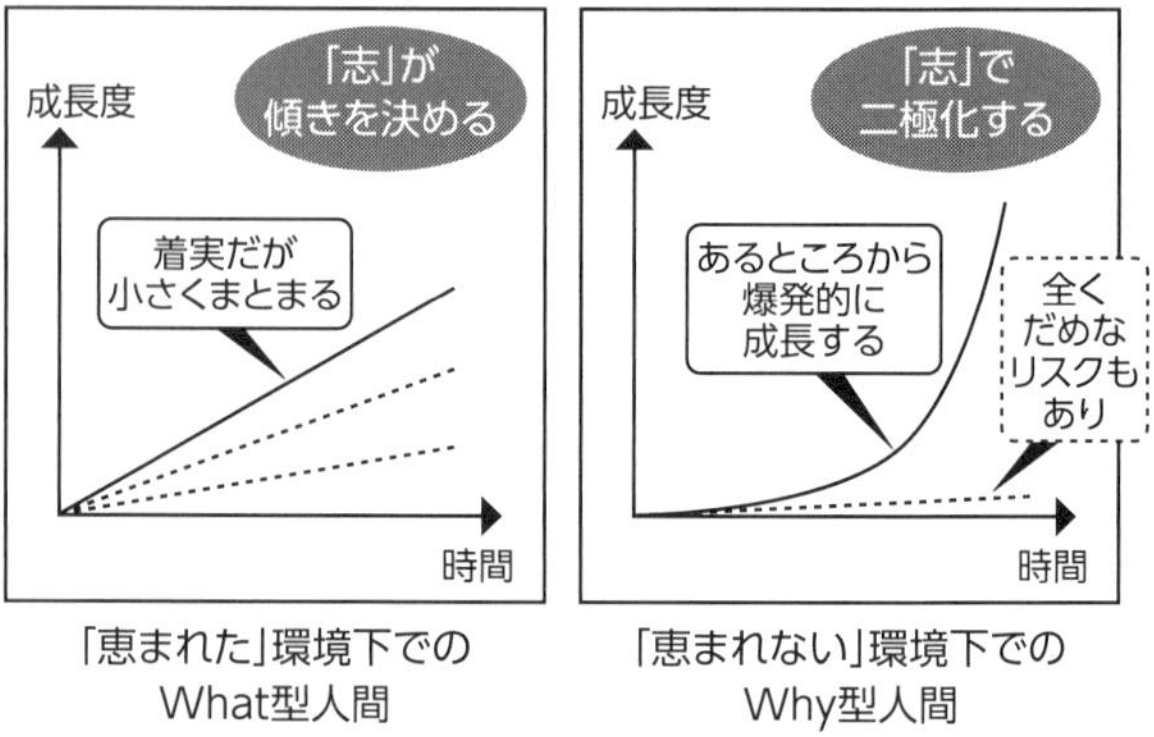

「恵まれた」環境下での
What型人間

「恵まれない」環境下での
Why型人間

リキュラムが整備されて、新人研修から三年目、五年目研修、あるいは主任→課長→部長研修……といたれりつくせりです。でもこれが本当に幸せな姿なのでしょうか。

決まった時期がくれば、「あなたは○○の研修をいつまでにどこで受けてください」という案内が自動的に送られ、それにしたがっていれば何となくレールに乗って目的地に滞《とどこお》りなく到着できるような錯覚に陥ってしまいます。いや、これは錯覚ではなくある意味正しいのですが、その「目的地」というのは本当に正しいものなのでしょうか？　環境変化が激しい昨今、そもそも「この目的地を目指していいのか？」「本当に学ぶべきことはこれで正しいのか？」といった建設的批判精神は、こうした「レールに乗っている状態」では決して養うことはできないでしょう。これでは自ら学ぶ姿勢を育む上で最大の敵となる「知的依存心」が知らず知らずのうちについてしまいます。

これに対して図の右側のＷｈｙ型の成長曲線というのは、こうした知的依存心がない状態ではじめて実現されます。たとえば一部の中小企業やベンチャー企業のような、世に言う「劣悪な環境」で、何も与えられていない状態で「自分で考えろ」と言われれば、はじめは試行錯誤の連続ですから非効率なことこの上ないでしょう。ただし、そこで**もがき苦しんだ末に「自分で考えるための方法論」にたどり着くことができれば、後は飛躍的に成長できる**ことになるでしょう。

何の世界であれ、尖った業績を上げている人というのは、誰しもこうしたもがき苦しんだ時期があり、そのときの苦労話を始めたら止まらない……という人が多いものです。「一度かがまなければ大きくジャンプできない」という理屈はここでも当てはまるのではないかと思います。

ただし、このアプローチにはリスクもあります。もがき苦しんだ末に何の境地にも達することができない場合、あるいはもっとありそうなのは、恵まれない環境を嘆《なげ》き、環境のせいにして自らの努力をやめてしまった場合には、全く何の結果も出ないリスクもあるの

図6-2 「いいとこどり」の成長曲線

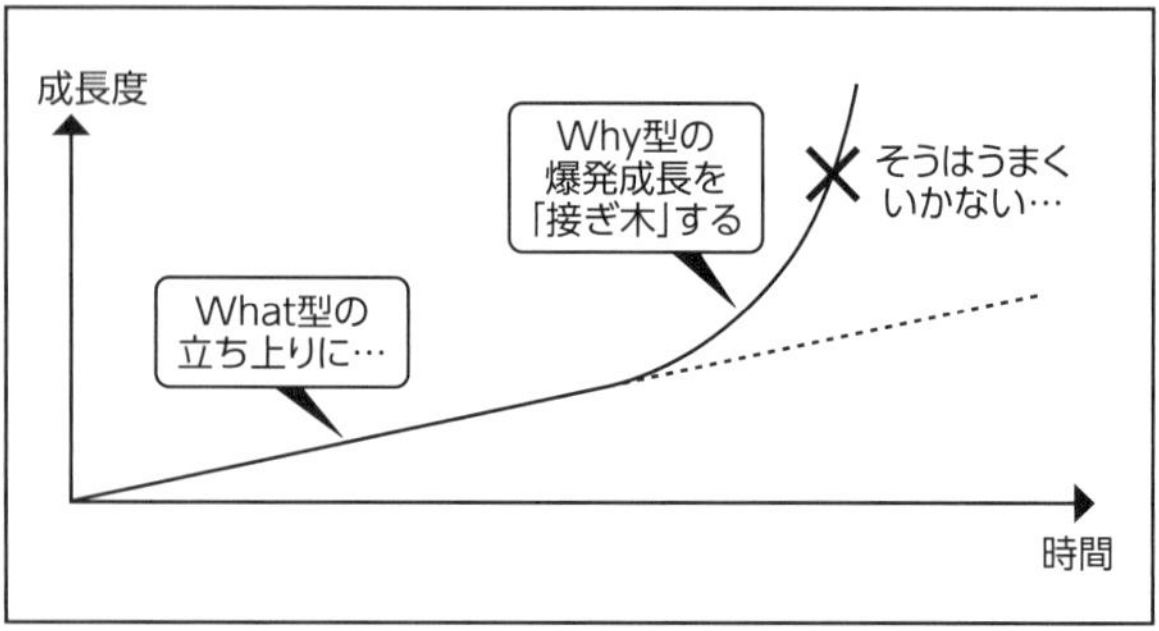

です。

これらの結果の差はどこから来るかと言えば、やはり**「志の高さ」**によるところが大きいでしょう。特にＷｈｙ型が育つような「恵まれない環境」に置かれたときに、この二極化は顕著に起きるのではないかと思います。

これに対してＷｈａｔ型の成長曲線に関してはこれほどの二極化は起こらず、志の高さというのは「直線の傾き」の差となって現れてくるのではないかと思います。成長の仕方は直線的であるとしても、志の高い人のほうが同じインプットに対しては大きく成長するというのは間違いないでしょう。ただし、Ｗｈｙ型の成長曲線ほどには大きな差にはならないのではないかと思います。

本当であれば図6－2のように、「はじめはWhat型で着実に立ち上げて、その後で自発的にWhy型の姿勢を身につけてもらう」というように、これらの線の「いいとこどり」ができれば一番いいのですが、世の中それほどうまくはできていません。往々にして自分が恵まれない環境で育ってきた人たちは、（自分たちがそうであったからこそ成長できたということに気づかずに）後に続く人たちにはそうさせまいと「恵まれた環境」を作ってしまいがちですが、そうやって恵まれた環境で育った人たちは自分で何かを切り拓《ひら》いていく力に欠けてしまうというジレンマに陥ってしまうのです。

◆平均点を上げるWhat型教育、「尖らせる」Why型教育

図6－1の二つの線からもわかるように、What型教育というのは全ての人をそれなりに底上げして「平均点を上げる」のに適したやり方と言うことができます。半面で**Why型教育というのは自発的に「育って」いく人もいれば、途中で「脱落する」人もいるという二極化の世界**です。果たして全ての人にWhy型的な放任型教育が適しているかといえばそれは恐らくNoでしょう。

ただし、尖った人が育つ環境というのはWhy型でなくてはならないというのも確かで

す。これらは残念ながら両立させるというのは難しいのではないかと思います。したがって教育の意図が真に「育っていく」意志のある人を尖らせるためなのか、あるいは全体を底上げして平均点を上げるためなのかというのは十分に見極める必要があると思います。

こういう話をすると、「要はWhy型教育というのは『できない人』を切り捨てるだけではないか？」という意見が出てきそうなので、二つの点からコメントしておきたいと思います。

一点目、確かに「やる気があろうがなかろうがある程度は成果が出る」What型教育に対して、「やる気がなければ全く意味のない」Why型教育は一〇〇％の「万人」を相手にすることはできませんが、むしろ「地ならし」としてのやる気を出させるという第一ステップが特に重要だというメッセージになるのではないかと思います。

二点目は、「平均点を上げる」というのは尺度が一つであるのに対して、**「尖らせ方」の方向性は無限に存在する**と考えれば必ずしも一つの尺度で尖った人を生み出すことだけがWhy型教育の目指すところではないことは明白です。その人なりの「芸風」はたくさんあってよいのです。

◆伝統的徒弟制度は格好のＷｈｙ型教育システムだった

「教えられずに育つ」のが、Ｗｈｙ型人材育成の本質だということをお話ししましたが、それを長年実践してきているのが日本の伝統芸能の世界です。いわゆる「徒弟《とてい》制度」というのもそれに相当すると思います。「徒弟制度」というのは、古臭《ふるくさ》くて非科学的な時代錯誤の人材育成方法と思われている読者もいるかもしれませんが、実はこの仕組みは大変よくできた合理的な仕組みであるというのが、これまでの成長曲線の議論からもおわかりいただけるのではないかと思います。

こうした徒弟制度の世界では、いわゆる「駆け出し」の頃には本業とは関係のない、いわば雑用をひたすらこなすことが求められます。野球で言えば「球拾い」、住み込みの丁稚奉公《でっちぼうこう》であれば掃除や雑巾《ぞうきん》がけといったものがこれに相当するでしょう。このことがまさにＷｈｙ型思考の成長曲線の、はじめの平らの部分ということになります。

こうした修業を何年も続けながら隙間の時間に本業の習得ということになるのですが、この時期には時間的にも制約がある上に誰も懇切《こんせつ》丁寧に教えてくれるわけではないですから、必然的に師と仰ぐ人のわざを「こっそり盗む」ということになります。この時期はそういったわけで非常に「飢《う》えた」状態ですから、制約条件が大きいながら乾いたスポンジのように吸収力が高くなっています。まさに曲線の急激な立ち上がりの準備ができるということになるわけです。もちろん、目的意識が低い人はこの時期に脱落していきますから、二極化するというのも成長曲線の話と似てくるわけです。

いくつかの例を見ていきましょう。まずは落語の世界です。三遊亭円丈さんは『5人の落語家が語るザ・前座修業』（稲田和浩・守田梢路《こみ》、NHK出版生活人新書）の中で、「修業のポイントは『教わらないこと』」として以下のように述べています。

「修業に関していちばん必要なことは『芸は盗め』ということです。教えられて身に付くものなんてたかがしれてる。私が前座のときには、先輩の高座《こうざ》にはいつも耳を傾けていた。自分で芸や間《ま》を理解し、実践していく以外に道はない」

また同書で柳家小三治《やなぎやこさんじ》さんは同様に以下のように述べています。

「（師匠の：引用者注）小《こ》さんは、放任主義で知られていました。……（中略）……

『芸は、盗むものだ。俺が高座でやってるとこを聞いて覚えろ。盗め。覚えたら聞いてやる』といわれた。

高座の脇《わき》で盗んで覚えた噺《はなし》を聞いてもらうことしか、稽古《けいこ》への道はなかった。向かい合って師匠に噺を聞いてもらったことは、たった一度しかないんですから。

……（中略）……

いまは、ほったらかしてもらってよかったと思っている。もし、あそこで（面白くないと言われた：引用者注）理由を教えてもらい、それを克服するやり方を教えてもらっていたら、多少は面白くできたかもしれないが、きっとそれ以上にはならなかったと思うからだ」

続いて宮大工の世界の例です。「法隆寺の鬼」と言われた故西岡常一棟梁《つねかずとうりよう》の元で学んだ菊池恭二さんはその経験を『宮大工の人育て』（祥伝社新書）の中で次のように語っています。まずは一見考えるより体を使うようにも見えるこの職業に関して「なぜ？」と考えることの重要性について、「ことに私どものような職人の世界では、飲み込みのいい要領よしより、飲み込みが悪く、『なぜできないんだろう』『なぜああするんだろう』といつも自問し、答えを求め続けている愚直《ぐちょく》なタイプのほうが、時間はかかっても、最終的には大成するケースが多いようです。飲み込みがよくないからこそ、納得のいく答えを探し求める。そうすることで『なぜだ？』の深掘《ふかぼ》りができ、ほんとうの意味で理解が深まるのだと思います」。

ここまで本書を読まれた読者は、ここで菊池氏の言っている「飲み込みが悪い」ということの意味がおわかりでしょう。これは決して悪い意味ではなく、逆にＷｈａｔ型の最大の長所であるスピードが速いことが裏目に出ることもある事例とも言えます。

またこの記述はものの見事にＷｈｙ型の成長曲線の根拠を裏づけているとも言えます。

この点で菊池氏は同書で以下のようにもコメントしています。

「残る弟子と辞めていく弟子。道を分けるものは何かといったら、『自分で学ぶ気持ち』があるかどうかです」

これは、「Ｗｈｙ型成長曲線は二極化する」というのを裏づけています。

ここまで挙げた事例に共通するのは、伝統芸能も含めて「考える」ということの要素が大きいこと、そして「突き抜けた」パフォーマンスを出さなければいけないプロフェッショナルということです。こうした能力を発揮するために必要なのは単なる物真似というWhat型ではなく、考えるという行為を伴《ともな》ったWhy型だということです。そのためには「考えながら盗む」というのが極めて有効な手段であるということがおわかりいただけるのではないかと思います。

またこうした「修業」の初期にあるのは、常に「雑巾がけ」であったり、「球拾い」のような直接的な芸の上達とは関係のない下積みの繰り返しです。こうした時期を経てこそ芸を盗みたいというハングリー精神が培《つちか》われ、自発的に考えるというモチベーションが生まれてくると考えれば、図で示した「Why型思考」の成長曲線の意味というのが理解できるのではないでしょうか。「飛躍するためには一度かがまなければいけない」というのは間違いないでしょう。

◆What型教育はますます機械に置き換えられていく

What型教育とは知識の伝達ですから、基本的に「教える側」から「教わる側」への一方通行で構いません。したがって極論すれば、たとえ教わる側が一言もしゃべらなくても、目的は達成できる可能性は十分にあります。

半面Ｗｈｙ型教育ではそうはいきません。相手の能力を引き出すというのが主目的ですから、お互いのやりとりが必須となります。なおかつ、正解も一つではない世界ですから、そこで相手が出してきた回答に対して的確にボールを投げ返してあげるという**「キャッチボール」がＷｈｙ型の教育には必須**なのです。教える側もＷｈａｔ型以上に工夫が必要で、また相手に合わせて対話的にうまく引き出すことが必要だとすれば、当面はこれは人間でなければできないことになるでしょう。

逆にＷｈａｔ型教育の特徴である「一方的である」ということ、「答えが一つ」、あるいは「画一的《かくいつ》でもよい」ということを考慮すると、**パソコンやスマートフォンなどを使ったデジタルコンテンツによるトレーニングというのはＷｈａｔ型教育に適したもの**だと言うことができるでしょう。逆の言い方をすると、単なる知識を詰め込む教育であればそれは機械でも可能ということになります。もちろん教材そのものを作る作業というのは人間がやる必要がありますが、一度作ってしまえば同じものをインターネットや電子媒体で配信することでも十分役割を果たすようになっていけるということです。

企業教育においても、単なる知識を教えるだけのＷｈａｔ型教育はｅ－ラーニングやインターネットなどを活用して省力化を次々と図り、人間の介在する領域はＷｈｙ型教育に特化していくのがあるべき将来の姿と言えるでしょう。

6-3 質問は悪か？ それとも「全ての始まり」か？

◆「質問できるのは今のうちだけだぞ」の真意は？

本書で言う教育とは、学校教育のみならずビジネスの現場でのＯＪＴ（オンザジョブトレーニング）も含むというのは先述の通りですが、ＯＪＴということで一つ思い出す言葉があります。それは、新入社員に対して使われる言葉です。私もよく言われた経験がありますし、逆に言った経験も何度もあるような気がします。

その言葉とは、「質問できるのは今のうちだけだぞ」というものです。読者の皆さんにも心当たりがあるのではないでしょうか。大体新入社員というのは、仕事のはじめについた先輩から多かれ少なかれこの種の言葉をかけられます。その意図というのは「後になったら恥ずかしくて聞けなくなるから、今のうちにたくさん聞いておきなさい」ということですが、皆さんはこの言葉の本当の意味を考えてみたことがありますか？「なぜ」質問は今しかできなくて、後でするのと恥ずかしいのでしょうか。

私は、日本のビジネスの現場が伝統的に行ってきたのがWhat型の人材育成であることを非常に端的《たんてき》に物語っているのがこの言葉だと思っています。

実は**職場での何気ない「質問」にもWhat型の質問とWhy型の質問の二通りがある**のです。まずWhat型の質問とは、文字通り「〇〇って何ですか?」とか、「〇〇ってどこにありますか?」、あるいは「××さんて誰ですか?」といった、正解があってそれがたいていの場合簡単な名詞か短文で答えられる、言い換えれば選択式のクイズにできるような質問のことです。先の例で言うと、厳密に言えば二番目の質問の疑問詞はWhere、三番目の質問の疑問詞はWhoとなりますが、右の定義にしたがって、これらは全て「What型の質問」ということにします。

続いてWhy型というのは「どうしてこうなっているのか?」とか「なぜそういう計画なのか?」といった文字通り「なぜ?」という理由や背景を問う質問のことです。

ここで先ほどの「今だけしかできない質問」とはこれら二つのうち、どちらの質問か考えてみてください。明らかにWhat型の質問であることがわかるでしょう。「経費の承認は誰に申請すればいいんですか?」とか「うちの会社ってどこに工場があるんですか?」といった質問は、確かに入社して五年もしてからしたら恥ずかしい質問と言えるでしょう。

つまり、**OJTの世界で暗黙のうちに想定しているのはWhat型の質問**ということなのです。これまでの日本の会社(あるいはビジネスに限らず社会全般)では「なぜ?」と聞くこと、つまりWhy型の質問はあまり歓迎されませんでした。たとえば先輩からの仕事の指示に対して(たとえそれが単純に「理由を聞きたい」だけだったとしても)「なぜこれをやる必要があるんですか?」などと言えば、「つべこべ言わずにとにかくやれ!」ということになったでしょう。これ以外でもとかく「なぜ?」という質問はいい大人がすると煙たがられる質問でした。

ところが今求められているのがまさにこの「なぜ?」という質問なのです。第3章で簡単に解説したように、「なぜ?」というのは思考回路を起動するパスワードのようなものです。**「なぜ?」を封印させるということは思考停止の強制を意味します。**今改めてWhy型思考を導入する上でこの「悪習」にチャレンジしたいと思います。

◆「当たり前の質問」が、実は深いWhy型の質問になる

What型の質問、Why型の質問というのが性質が異なるということは前項でおわかりいただけたのではないかと思います。「性質が異なる」ということを見たときに、ここで一つ指摘しておきたいのが、「当たり前の質問」というものの位置づけです。当たり前の事象についてのWhat型の質問というのは「愚か者がすること」ですが、反対に**当たり前のことに対してのWhy型の質問というのは極めて本質的なもの**になるのです。

例を見てみましょう。

例①
What型質問①「空の色は何色？」
Why型質問①「空が青いのはなぜ？」

例②
What型質問②「うちの会社の社長は誰？」
Why型質問②「うちの会社の社長が○○さんなのはなぜ？」

①、②とも、What型の質問を改めて身の回りにすればよ「あの人一体どうしちゃったの?」ということになるかと思います。ではWhy型の質問はどうでしょうか?

①については、光の波長のスペクトルや空気中の分子による散乱のメカニズムなどについてかなりの理解がなければ説明することはできないでしょう。「空が青い」という誰でも知っている事実に関しての「Why?」という投げかけは、実に深いものになります。

続いてWhy型質問②を見てみましょう。職場でこの質問がされるとすれば、恐らく「あの人は社長に適任ではない」ことの反語表現として用いられることが多いのではないでしょうか。

ここでは「文字通りの」意味を考えてみると、極めて本質的なことが浮かび上がってきます。「なぜ○○さんが社長なのか?」を問うてみることはその会社の出自やカルチャー、あるいは今の置かれた状況をあぶり出すことになります。その人は創業者なのか? そうであれば「なぜ」今の事業を始めたのか? 「なぜ」別の事業ではだめだったのか? その人は総務・人事・企画部門出身なのか、あるいは営業部門出身なのかの問いからは、その会社が「管理中心」の大会社なのか、あるいは「営業中心」の会社なのか、はたまた技術部門出身であれば技術をコアとする会社なのかといったことがわかるでしょう。そして現社長は「花形部門」を歩いてきたのか、あるいは「裏街道」を歩んできたのかを見れば、会社が直面する課題や向かおうとしている方向性（既存路線の延長なのか、抜本的なパラダイムシフトが必要なのか）もわかってくるでしょう。

このように、Ｗｈｙ型の質問というのは一見誰もが疑いもしない疑問であればあるほど本質的な疑問を投げかけ、課題の深層に入っていくことができるのです。

今私たちに求められているのは、こういった「Ｗｈｙ型の当たり前の質問」なのではないかと思います。日本人は学校教育時代から質問が苦手です。これは伝統的Ｗｈａｔ型教育のなせるわざであるところが大きいと思いますが、Ｗｈｙ型思考を身につけていく上で必ず越えなければならないハードルではないかと思います。一見子供じみた質問を一笑《いっしょう》に付《ふ》さずに真剣にゼロベースで考える力というのが、これからますます必要になってくるでしょう。

◆なぜ日本人は質問が苦手なのか？

ここで「なぜ日本人は質問が苦手なのか？」ということを考えてみます。まず、もともと日本人は比較的見知らぬ集団に入ると寡黙《かもく》になるという「ムラ意識」というのが影響していることは間違いないでしょう。「国際会議で難しいのはインド人を黙らせることと日本人をしゃべらせることだ」というよく言われる話も、この一面を表しています。

こうしたベースとなる理由に加えて、ここでは前節までの議論も踏まえてWhy型／What型という観点でこの疑問を解明してみたいと思います。What型の質問とWhy型の質問の特徴について述べてきましたが、まとめれば**「What型質問は愚か者がすること」であり、「Why型質問は本質を解明するためのきっかけになる」（質問しないのは思考停止と同じ）**ということでした。

知識詰め込みのWhat型教育で質問をするということは、ちゃんと聞いていなかったか、頭に入れられなかったかのどちらかですから、質問することは基本的に後ろ向きかつ恥ずかしいことになります。これに対してWhy型の質問というのは、ここが全てのスタートで、考えるという行為の第一歩であるというのはこれまで述べてきた通りです。こうした点を考慮しても、日本人の質問下手の大きな要因としてWhat型教育の影響が大きいのは間違いないと思います。

それに加えて、先に述べたように**「What型教育は一方向でもよいが、Why型教育**

は双方向でなければならない」ということもあるでしょう。Ｗｈａｔ型教育では最悪教える側が一方的にしゃべりまくれば一定の目的は達せられたことになりますから、そこでたとえ質問がなくても問題はないわけですが、Ｗｈｙ型教育というのは双方向ですから、質問がないという状態が放置されることはないはずです。Ｗｈｙ型／Ｗｈａｔ型の観点から見ると、これら二つの要因が日本人が質問下手になっていることに大きな影響を及ぼしていると結論づけられるでしょう。

◆「満点は一〇〇点」のＷｈａｔ型、もともと「満点なんてない」Ｗｈｙ型

「一〇〇点」という言葉には特別の響きがあります。皆さんも小学校のときにはテストの問題を完璧に解いた結果の「花丸の一〇〇点満点」というのはある意味で一つの究極の目標であったことでしょう。ただ、実はこの「一〇〇点が満点」というのも正解が決まっているという世界のＷｈａｔ型的な発想です。

これには二つの意味があります。一つ目は一つの尺度で測られた結果であるということと、そしてもう一つが「満点」があって、それでメーターが振り切れるということです。したがってその一〇〇点を目指して努力するというところまではいいのですが、そう考え

ることの弊害というのは、一〇〇点のレベルに達することで満足してしまってそれより上を目指そうとしなくなることと、何よりまずいのは問題の定義そのものがおかしいときにもそれを疑うことなく一目散《いちもくさん》に「一〇〇点満点」を目指してしまうということです。

第2章でも述べたように、**現在のように唯一絶対の正解などなく、問題の定義そのものも疑ってかからなければならない時代にはこの「一〇〇点満点主義」というのが命取りにもなりかねません。**

では、What型の「一〇〇点満点主義」に対してWhy型思考ではどう対応するか？これを試験の場面を例にとって少し比喩《ひゆ》的に表現してみましょう。まずは配られた一〇〇点が満点の問題用紙の問題そのものを「本当にこれを解くのが妥当なのか？」と疑ってかかります。Why型思考の人にはそもそも（他人の定義した）「一〇〇点」という概念が存在しないからです。与えられた問題に対しても「そもそもそれは何を解決するための問題なのか？」「それが本当に根本課題に対しての解決策になるのか？」と（まさに第5章の言葉で言うところの）「押し返す」わけです。そこでもっと本質的な問題を定義し直してしまうというのがWhy型の対応ということになります。

別の言い方をすると、Ｗｈａｔ型思考の人というのは、長さの決まった一次元の直線が勝負の土俵であるのに対して、Ｗｈｙ型思考の人の土俵は、長さに加えて「方向」という要素がある、いわばベクトルの世界です。まずはどの方向に走ればいいのかを十分に吟味《ぎんみ》して最善と思える方向を選ぶことの違いに加えて、長さにも限りがない、つまり常にさらに向こう側へ到達しようという意思を持って問題に取り組むというのがＷｈｙ型の姿勢ということになります。

以上をまとめると、今ビジネス界で求められているのは、**「配られた答案用紙を破り捨てて自分で白紙に『さらによい問題』を作り直した上でそれを解いてしまう力」**とでも言えるでしょう。しみついてしまったＷｈａｔ型教育の「成果」というものもこんなところでＷｈｙ型思考への障害となっているのかもしれません。決められたことをこなすのが得意な人は決まっていないことには対応できません。Ｗｈｙ型思考への転換には「満点は一〇〇点ではない」、さらに言えば「そもそも『満点』なんていうものはない」という問題に対処していく力が必要ではないでしょうか。

図6-3

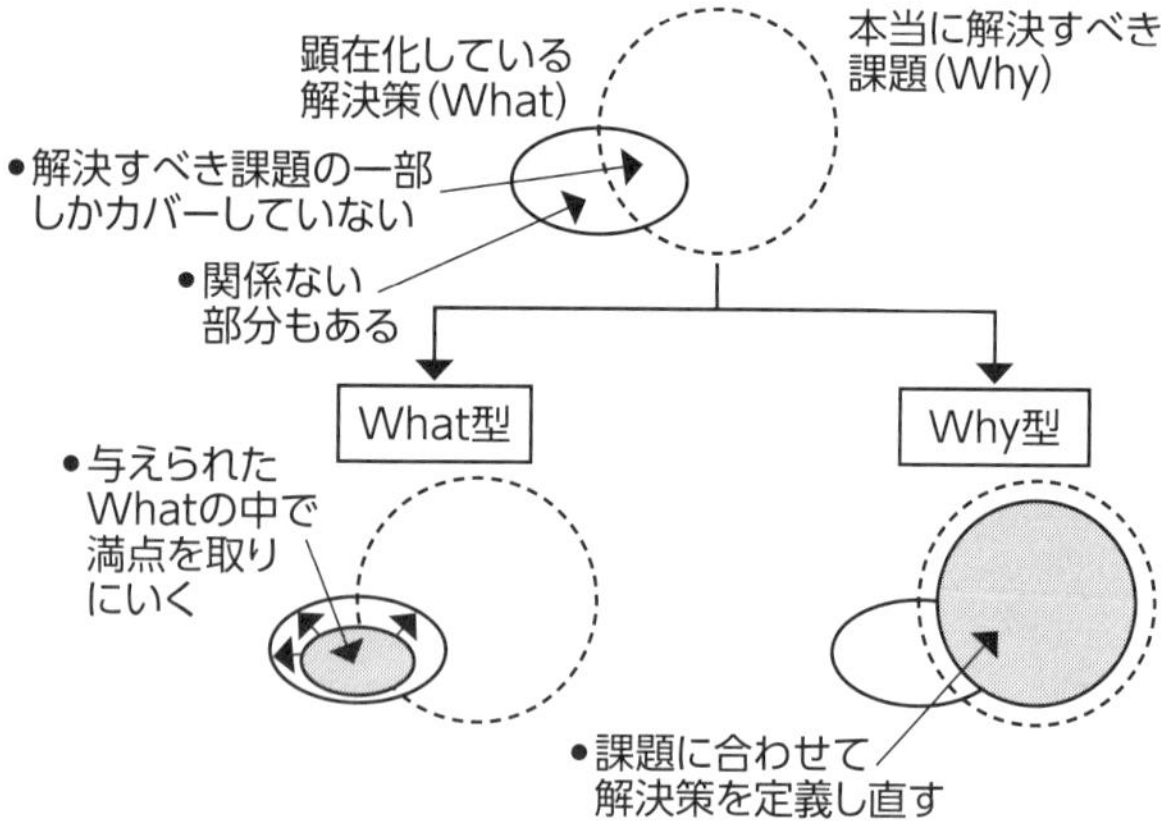

この構図を一般化して示してみます。上の図を見てください。

まず一つ目のポイントは、課題の解決策として顕在化しているものは、実は本来の課題を解決するために必要かつ十分なものにはなっていないということです。つまり、**そもそも課題の定義自体が違っている**ということです。よく課題の解決より課題の発見が重要だということが言われますが、これも同じことを言っています。

そして次のステップがＷｈａｔ型とＷｈｙ型とで異なります。Ｗｈａｔ型では、相手に提示された課題の外枠《そとわく》（つまり「答案用紙」）ありきで、その中を最大限埋めることを目指すのに対して、Ｗｈｙ型思考では、まず提示

図6-4

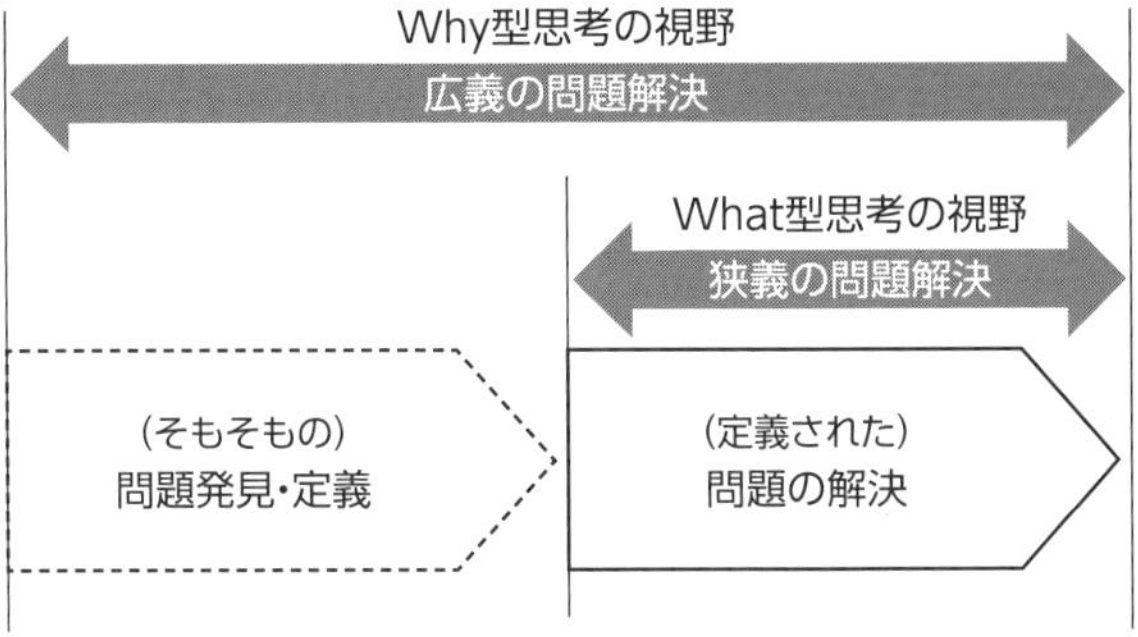

された課題の外枠そのものをそもそも必要なWhyに立ち返って定義し直すことをした後にその課題を解決しようとします。具体的なイメージで言うと、第5章の問題解決の事例でWhy型思考に必要な「押し返す」という説明をしましたが、この「押し返す」というのも「問題・課題を定義し直す」ことを示しています。

これを別の切り口で見てみると、狭義の問題解決で満足するか、広義の問題解決まで考えるかの相違と言えます。上の図6－4を見てください。

What型思考はすでに定義された問題を「与えられた」ところから問題解決がスタートするのに対して、Why型思考の人はそも

そもそも問題を発見・定義するところから（あるいはすでに問題が与えられた場合はそれを一度定義し直すところから）問題解決がスタートするという違いです。

◆ゲームのルールを変えられて「卑怯だ」と思うか、「先にやられた」と思うか

これに関連して、よく採点の関係するスポーツの世界で「ルールが変更される」という話があります。この種の話を聞いたときの反応が二つに分かれます。まずよくあるのは、「ルールを変えるとはやり方が汚い」というものです。一方で「うまくやられた！」という反応もあります。この反応を分ける考え方というのが本項でお話ししたような「決められたゲームで一〇〇点を取るにはどうすればいいか」を常に考えているか、「そもそもっといいやり方がないか？」（「土俵」を変えてしまえないか？）を常に考えているかです。

これがまさにWhat型思考とWhy型思考との違いに相当します。

考えてみればビジネスの世界でも、画期的な新商品や新規事業というものは常に「ゲームのルールを変える」ことにより生まれています。最近の典型的な事例で言えばiPhoneやiPadなどを生み出したアップルの戦略が一番わかりやすいでしょう。どちらも共通点は発売された時点で正確には競合となる商品はほとんどなく、全く新しいカテゴリ

ーの商品、つまり土俵を変えた商品だったということです。

「戦略」という言葉を使いましたが、**「戦略」と「戦術」の違いの一番わかりやすい側面がこの「土俵そのものを論ずるかどうか？」の違い**になります。日本が二〇世紀に最も得意としていた「オペレーショナルエクセレンス」、つまり同種の類似製品を、製造を代表とする業務の効率化によって差別化するというのがまさにこの「決められた土俵の中で最適化する」というものでした。この側面からも今求められるのが、「一〇〇点満点の発想から抜け出す」ということではないでしょうか。

◆What型に必要な「模範上司」、Why型に必要な「反面上司」

そう考えてくると、**What型教育に必要な指導者というのは「真似する対象」である模範となる人のことですが、極論すればWhy型教育ではむしろ「反面教師」**ということになります。なぜなら、What型で必要なのは、「模範解答を真似する」ことであるのに対して、Why型で必要なのは、一見模範解答に見えるものを打ち破って自分なりのさらによい答えを導く力だからです。つまり企業内での環境で言えば、What型人材育成に必要なのは「模範上司」であり、Why型人材育成に必要なのはむしろ「反面上司」ということになります。

もちろん人生において「このような人になりたい」という「ロールモデル」を見つけて、その人の真似をするということも重要ではあります。よく聞く話が、すばらしい師と出会ってひたすらその師の後を追いかけ、その師と離れた後も「あの人だったらどうするだろう？」と考えるという経験です。もちろんこれはこれですばらしい経験で、真似することによって着実に成長していくというメリットや有効性も否定しませんが、こういう育ち方の最大のデメリットは「結局師を超えられない」ということです。所詮これではその師のことを「一〇〇点満点」だと思ってしまい、自分らしさを出したり、自分なりの長所を生かして「別の土俵で二〇〇点や三〇〇点を目指す」という姿勢が生まれにくくなってしまいます。

模範となる人の側にいると、「この人の言うことを聞いていれば間違いない」ということで簡単に思考停止した人間ができあがってしまいますが、「この人の言動はおかしい」と思えるぐらいの人が周りにいると、「なぜそれはおかしいのか？」「自分だったらどうするか」「反対意見をどうすればうまく伝えられ、相手を説得できるか」といったことを考え始めるはずです。もう一つの決定的な違いというのは、ある人と「同じやり方」というのは一通りですが、「違うやり方」というのは無限に選択肢があるということです。したがって、「違うやり方をしよう」と思った途端《とたん》に自動的に自分自身でどうするかを考えなければならなくなるのです。

考えてみれば、世の中で尖った実績を挙げている人で「偉大な師に最後までずっとべったりだった」という人は少ないのではないでしょうか。もし「運よく」そうしたすばらしい師が周りにいる人は、早くその人から盗めるだけ盗んで卒業して、その先をどうするかを考え始めたほうがよいでしょう。

6-4 教育問題をWhy型とWhat型のレンズで見てみると

◆「円周率はおよそ三」のどこが悪いのか?

日本の教育の衰退の代名詞と世の中で言われているのが「ゆとり教育」です。その是非はともかく、それが「いかにだめか」の代名詞として、「円周率はおよそ三」と教えているということが報道されました。実際にはこれは真実ではなかったようですが、もしこれが実際に起こったことだとした場合でも、果たしてこれは「教育の衰退の象徴」ということが言えるのでしょうか。

まず、「『円周率は三』とはけしからん」と考える人はなぜそう思うのでしょうか。学校を出て社会に出た後で、円周率が三でなくて三・一四でなければ困ったという経験をお持ちの人は、理数系の一部の関係者を除けば恐らくほとんどいないと言っても過言ではないでしょう。

もし円周率がいくつかというのが日常生活で役に立つとすれば、たとえば庭やグラウンドにロープを張ったり、丸いものに巻きつけたりする場合の紐や布の長さを概算するようなときぐらいでしょうから、その場合には「およそ三」で十分でしょう。万一小数点以下二桁《けた》の数値が必要な場面があったとしても、正確な数値を知りたければ今や携帯電話で検索すれば、いつどこにいようが恐らく「三〇秒以内」に数十桁の答えを得ることは簡単にできるのではないかと思います。したがって暗記目的とすれば、少なくともインターネットの時代に小数点以下二桁まで暗記するということにはほとんど意味はないはずです。

これをWhy型／What型の発想の違いで説明してみましょう。実はこの「『円周率は三』とはけしからん」というのは、詰め込み教育によってすっかり洗脳されてしまったWhat型の発想ではないかと思います。つまり、円周率を三ではだめだという発想は、「自分は三・一四と覚えたのに……」というところから、「暗記量が多いほうがすぐれている」という短絡的な発想なのではないでしょうか。

もし「小数点以下二桁まで暗記するのがえらい」という発想にしたがうのであれば、たとえば「円周率は三・一四一五です」と小数点以下四桁まで覚えさせるのがすばらしい教育であるということになってしまうでしょうが、これには「そこまでは覚える必要がない」と考える人が多数派でしょう。では「四桁は意味がなくて二桁は意味がある」という発想に理由があるのでしょうか。これは、今覚えていること（つまり目に見えていること）から発想するというＷｈａｔ型教育のなせるわざだと思います。

ではこれに対してＷｈｙ型思考ではどう考えるでしょうか？　結論から言えば「三だろうが三・一四だろうが、どちらでも大差はない」になるのではないかと思います。むしろ、「なぜそうなるのか」をどうやって証明するかを、その場で考え出せることが一番重要であって、三とか三・一四とかを暗記することにはほとんど意味がないと考えるのがＷｈｙ型思考です（私は個人的には「三より少しだけ大きい」と覚えておけば十分だと思っています。その意味で三・一まであれば十分でしょうか）。

同じ発想で、一時期もてはやされた「インド式算数では二桁の掛け算を暗記している」というのを崇拝《すうはい》するという発想もＷｈａｔ型思考だと思います。インド人が数学に長けているというのは事実かもしれませんが、それとこの話を直結させるのは短絡的だと思っています。理由はこれまでの「円周率」の話と同じと思っていただければよいかと思います。

◆ビジネス界も変わらなければ学校教育も変わらない

本章ではここまで教育という観点からWhat型とWhy型の比較について論じてきました。私が身をおいているビジネスの世界ではニーズとしてWhat型からWhy型に移っているにもかかわらず、相変わらず日本人のほとんどはWhat型の発想が強く、その原因として学校教育も大きく影響を与えていることについて述べました。

ただし、これらはある種「にわとりと卵」の関係になっていると思います。「なぜ学校教育がWhat型になっていたのか?」というのをある側面において突き詰めて考えてみれば、行き着くところは「社会がそれを求めていたから」と言うこともできると思うからです。

したがって、ビジネス界にWhat型が多いのは学校教育のせいだと嘆いていても仕方がありませんので、本書ではまずビジネスの世界から変革を起こし、そこから逆向きにニーズを発信することによって実社会のニーズを変えていく↓「受験」を変えていく↓学校教育を変えていく、という形で発信したいという意味も込めて、本書のメッセージを社会全体に投げかけたいと思っています。本書で論じてきた教育論は、企業教育の改革への提言であるとともに、上記のようにビジネス界の変革を通じた教育全体への提言としたいと思います。

章の最後に、演習問題です。本章の内容を振り返りながら、考えてください。

【演習問題】

次の価値観はＷｈｙ型教育、Ｗｈａｔ型教育のいずれにより当てはまるでしょうか？

①先生は生徒より必ず知識量で圧倒的に上回っている必要がある
②質問は愚かな人がするものである
③やる気がなければどんなに外から強制されても効果がない
④平均値を上げるために底上げをする
⑤何でも教えてくれ、真似をしたくなる「模範上司」が望ましい

第6章のまとめ

- Why型教育とWhat型教育とでは一八〇度考え方が異なる。

- これまでの日本の繁栄を作ってきたWhat型教育は環境変化によって岐路《きろ》に立たされている。

- Why型人材が「育つ」ためには、以下のようなこれまでのWhat型との考え方の抜本的な相違を意識する必要がある。

Why型教育とWhat型教育の違い

	What型教育	Why型教育
基本スタンス	知識量を増やす	考えさせる
指導者とは…	知識量で勝る人	考えさせる人
教えるとは…	詰め込む(Push)	引き出す(Pull)
究極の姿	徹底的に教えて詰め込みまくる	一切教えずに「盗ませる」
「模範解答」	ある	ない
よき指導者とは…	話し上手	聞き上手
人材は	育てる(他動詞)	育つ(自動詞)
方向性	一方向	双方向
教え方は…	画一的でもよい	相手に合わせる必要あり

機械の代替は…	可能	不可能
評価尺度は…	一つ	複数
目的は…	底を上げる	尖らせる

- What型の質問とWhy型の質問は性質が異なる。今求められているのはWhy型の質問である。

第7章

Why型思考を鍛えるために

7-1 Why型の勉強法とWhat型の勉強法

前章では、Why型とWhat型の教育を比較することで、「そのままくん」はどうやって生まれてきたのか、そして「なぜなぜくん」はどうすれば「育つ」のかといったことを論じてきました。ここではそうした議論を踏まえて、自らが「なぜなぜくん」に育つためには何をすればよいかについて解説したいと思います。

◆必要な勉強法も大きく変わってくる

Why型の勉強法をWhat型の勉強法との比較で様々な視点から見てみましょう。前章でのWhy型教育／What型教育の比較の議論を「学ぶ側」に当てはめることでおのずと方向性が見えてきます。実際にはそれほど明確に分かれるわけではありませんが、普段やっている日々の勉強にも二つの側面があることがおわかりいただけるでしょう。

まず**「勉強」という行為にも、動詞で言えば主に「覚える」つまり暗記するという側面と「考える」という側面があります。これらがすなわちWhat型とWhy型に対応します。**二つのタイプでは基本的な勉強のスタンスがそもそも違っているということです。

次に各々のタイプに求められる姿勢を考えてみます。これら二つの行為を考えてみると、まず暗記するという行為はある程度受け身の姿勢でも何とか効果はありますが、「考える」という行為は、他人に強制されてもほとんど効果がないことは前章で述べた通りです。つまり**Why型の勉強は純粋に自発的なものでなければならない**というのが肝に銘じておくべき特徴です。「いやいや勉強する」というのはWhat型にはあってもWhy型にはありえないのです。

次に「解くべき問題」というのも、What型の勉強では（Whatという目に見えるカタチで）常に「そのまま与えられる」のでそれを覚えればいいのですが、Why型ではときとして（Whatとして与えられたものの背景や理由〈Why〉を探ることによって）**「明確に見えていない問題そのものを見つける」ことが勉強**になります。その結果としてのアウトプット（成果）もWhat型では覚えた知識そのものであるのに対して、Why型では理由を問いかけることによって本質に迫るという考えるプロセスやものの考え方の習得ということになります。

勉強に用いる本や教材の位置づけも異なります。**Ｗｈａｔ型では、本や教材そのものが勉強の「主戦場」となるわけですが、Ｗｈｙ型ではそれらを材料として「頭の中のまな板」が主戦場となってそこでどう料理するかが問題**になります。

同じように、各種のセミナーやトレーニングコースに参加したときの「おみやげ」というのも違います。Ｗｈａｔ型ではそこでもらった「分厚い資料」がおみやげということになるでしょうが、それだけではＷｈｙ型のおみやげにはなりません。実際にその場でどこまで考えぬいたか、どちらかというと**そこでの経験そのものがおみやげ**ということになります。セミナーに参加した人が職場に戻って、「はい、これ昨日の資料です」と言って講演のレジュメを渡しても、単なる知識は伝授できるかもしれませんが、ものの考え方はそれだけで伝授しきれることはないでしょう。

次に対象とする問題の種類を考えてみましょう。**Ｗｈａｔ型の対象となるのは比較的定型化された問題で、一方Ｗｈｙ型は非定型的な問題**になります。別の見方をすればＷｈａ t型の勉強は、ある決められたパターンを当てはめる練習をすることであり、Why型の勉強とは、パターンが決まっていない混沌《こんとん》としたバリエーションの多い状態からむしろパターンを見つける訓練と言えるかもしれません。そう考えてくると、ある程度決められたテンプレートに答えを埋めていくのがWhat型、白紙に自由に絵を描いていくのがWhy型という見方もできます。

◆フェルミ推定はWhy型思考のトレーニングツール

「シカゴにピアノ調律師は何人いるか？」「世界中にゴルフボールはいくつあるか？」

これらは「フェルミ推定」と呼ばれており、コンサルティング会社や外資系のIT企業の採用面接試験で出題されるということで知られている問題です。またフェルミ推定はいわゆる「地頭力《じあたまりょく》」を鍛えるためのトレーニングツールとしても知られていますが、このフェルミ推定の位置づけもここまで述べてきたWhat型とWhy型の比較から明確になるかと思います。

フェルミ推定の話をしていると、よく「問題集のようなものでたくさん解くことによって習得したい」というお話を耳にしますが、これは果たして適切なトレーニング方法と言えるでしょうか。もともとフェルミ推定というものは知識を試すのではなく、限られた知識からどれだけ「考える」ことができるかというWhy型思考のためのものです。重要なのは答えそのもの（What）ではなく、なぜその答えが出たのか（Why）というプロセスの部分だからです。

したがって反復練習をして同じような問題を何問も解いてパターンを暗記することにあまり意味はありません（それはWhat型のトレーニングになってしまうからです）。多数の問題を解くとすれば、それはなるべく違う解き方で解くような「バリエーション」を追求することが重要です。

たとえば「日本全国に美容室は何軒あるか？」という問題と「日本全国に理容室は何軒あるか？」という問題はWhat型の視点で見れば「違う」問題かもしれませんが、Why型から見れば「同じ」問題ということになります（113ページ、図4－2のパターン③参照）。そうではなくて**各々《おのおの》アプローチの仕方が異なって、「どうやって計算しようか？」と毎回考えられるような問題を数多くこなすのであれば意味はあります**（たとえば「人数当たり」で出す問題や「面積当たり」で出す問題、あるいは「男女」に分けて算出したり、「年代別」に分けて計算したりという「切り口」が異なる問題です）。もともとフェルミ推定というのは「考える」ためのものですから、一つひとつどうやって考えようかという、問題としての新鮮さが必要になるわけです。

ところがどうも特に日本人というのは、何でも「ドリル」にして反復練習してしまうことが好きというか、勉強の仕方として子供の頃からしみついてしまっているようです。小学校のときなどにやるドリルというのはもちろん意味があります。掛け算の九九などは、いちいち一つずつ考えなくても「体で覚えてしまう」ために反復練習するわけですが、この「体で覚える」というのが曲者です。これは「思考停止」を意味するからです。考えるという行為は基本的に時間がかかるものですから、いちいち時間をかけずとも実行できるようにするものについては、考えなくても答えを出せるようスピードアップするというアプローチがなじみますが、Ｗｈｙ型思考を習得するためには逆にこれが命取りになります。

したがって、**同じようなフェルミ推定を単純に反復練習することにはほとんど意味がありません。**解法を暗記して「傾向と対策」を行ったところで考えることの訓練にはならないからです。また採用する側としても、暗記で臨む志願者が増えてくればもはやそれを面接試験で用いても意味がないということになるでしょう。

◆Why型思考を鍛えるための本の読み方とは？

勉強法に関連して、読書の仕方にも触れておきましょう。読書にもWhy型とWhat型があります。これもはっきりと二つに分けられるというものでもなく、一冊の本の中や一ページの中でも二通りあったりしますが、一口に読書と言っても二つの側面があると考えていただければよいかと思います。

私たちが普段読書をするときに**「本に書かれていること」というのも、直接目に見えるWhatに混じって実は霜降り肉のようにWhyが紛《まぎ》れ込んでいます。**これをどう読むかで二通りの読み方が考えられます。次ページの表を見てください。

まずはWhat型の読書ですが、目的はひたすら知識や情報量を増やすことです。したがって、量とスピードを重視し、立ち止まらずにひたすら読み続け、基本的に一度読んで内容を覚えればそれで目的達成です（もちろん覚えきれないことについては何度も読み返すことはあるでしょう）。この場合には読む対象も最新情報を反映した新しい内容の本が一般的にはよいでしょう。

これに対してWhy型の読書というのは、そこに書かれたことを材料にしてまずはじっくりと考えてその理由や背景などに思いを巡らすとともに、自分の思考力を鍛えて読書後

表7-1　Why型読書とWhat型読書の違い

	What型読書	Why型読書
目的は…	知識·情報を増やす	思考力を鍛える
読み手は…	覚える	考える
質か量か	量重視	質重視
スピードは…	とにかく速く	ゆっくりでもよい
読み方は…	ひたすら読む	時に立ち止まる
回数は…	一度覚えたら終わり	何度でも読み返す
本の種類は…	新しいほうがよい	長年読まれているほうがよい

も含め新しい発想を生み出すのが目的です。したがって、必ずしも量とスピードは重視せず、途中で立ち止まって考えたり、何度も読み返すこともあるでしょう。この場合に適した本はいわゆる「古典」と呼ばれるような、読み継がれてきた名作が一般的には適当かと思います。**物事の本質を考えるための材料というのは決して流行り廃《すた》りがあるものではなく、長年にわたって読み継がれ、生き残ってきたもののほうがよりよい**と考えられるからです。

これらの読み方は、どちらがいいとか悪いとかいうものではなく、まさに目的に応じて使い分けるのが賢明なやり方です。もちろん、情報源として用いることの多い新聞や雑誌でも必ずしもWhat型で読んで情報収集して役割を終えるに留まらず、記事を選んでWhy型で徹底的に行間を読んでみるというのもWhy

型思考力を高めるためには有効な訓練と言えるでしょう。たとえば新聞記事の見出しに全て「なぜか？」という突っ込みを入れてみるというのは手頃なトレーニングと言えます。

ちなみに本書は皆さんどちらのタイプの読書でお読みになっているでしょうか？

書き手の立場としては、ぜひ「霜降りのＷｈｙ」の部分まで十分に読み込んで、それを皆さんの身近な経験に落とし込んだ上で血となり肉となるようにしていただきたいと願っています。

ここでは勉強法や読書法についてＷｈｙ型とＷｈａｔ型の相違という観点で見てきました。必ずしもどちらがよくてどちらが悪いというわけではありませんが、うまくバランスを取ることが重要だと思います。私たちは小さいときから（小学校のときの「ドリル」から始まって）比較的Ｗｈａｔ型の勉強には慣れていますが、Ｗｈｙ型思考を養うという点ではあえて強くＷｈｙ型の勉強の要素を普段から意識しておく必要があると思います。

7-2 Ｗｈｙ型思考になるための心構え

◆天邪鬼になれ！

Ｗｈｙ型思考への心構えの第一歩は「天邪鬼《あまのじゃく》になる」ということです。実は私はこの性質がＷｈｙ型人間の持っている性質の中で一番特徴的なものなのではないかと思っています。要するに、**人と同じことをすることを潔《いさぎよ》しとせずにあえて反対のことをする**という態度です。言い方を変えると物事を全て疑ってかかるということです。

天邪鬼という言葉はＷｈａｔ型思考を体現した「そのままくん」の反意語と言うこともできるでしょう。人と違う持ち物を持つのが快感だとか、人が買わないものをあえて買うとか、投資でも常に逆張りをするとかギャンブルでも常に穴狙《あなねら》いの人などはＷｈｙ型思考の素質十分ということになります（その「こだわり」＝Ｗｈｙになります）。

「他の人と違うことをする」とか「他人に反論する」というのは実は大変エネルギーが必

要で、なおかつ他ならぬ自分の頭を使って考えた意見を持たなければいけません。「なぜ反論するのか？」とか「自分はどう思うんだ？」と聞かれたときにそれなりに説得力のあるものを用意しておかなければ、そのうちに誰にも相手にされなくなるからです。

他人の言うことを「そのまま」信じるというのはWhat型思考の典型的な特徴です。これはある意味非常に楽な生き方ではあります。学生時代に「真面目に毎回授業に出席する」のと、「サボって遊びに行く」のとどちらが楽かというのをよく考えてみればよいでしょう。「サボる」ためには自分なりのポリシーと、「サボっても許される」だけの成績を結果として残さなければならないのと一緒だと考えればよいと思います。真面目に毎回授業に出るだけであれば思考停止状態でもできますが、思考停止している人が「サボって遊びに行く」ことは難しいはずです。

Why型思考に変わりたい人はぜひ「他人と同じことをしない天邪鬼」になってください。決して「サボりの勧め」をするわけではありませんが、言われたことをやっているだけでは何も考えていないのと一緒です。

天邪鬼になるための姿勢の第一ステップとして必要なのは、**「それは本当か？」と全てのことを疑ってかかる**ことです。

哲学者のデカルトが唱えた「方法的懐疑《かいぎ》」というのはこの「疑ってかかる」ということです。デカルトが全てのことを疑ってかかるあまりに最終的に行き着いた境地が「今疑ってかかっているこの自分自身の存在だけは疑う余地がない」というものです。ここから彼の有名な「我思う。故《ゆえ》に我あり」という言葉が生まれました。凡人《ぼんじん》の私たちはここまで全てのことを疑う必要はないかと思いますが、本書でこれまで述べてきたようなＷｈａｔについて疑ってかかる、つまり直接目にしたり耳にしたことをそのまま信じるのではなく、その背景や理由を必ず推《お》し量《はか》った上でそれが見たまま聞いたままと一致しているのかを確認するという行為は、Ｗｈｙ型思考を目指す上では必須のものになるでしょう。

◆性格悪くなれ！

「天邪鬼になれ」というのは、言い換えると「性格悪くなりましょう」ということです。要するに周りの人の言うことを信用せず、いちいち他人の発言に対して「それ本当？」「どうしてそれがわかるの？」といった質問を繰り返すということだからです。

私たちの日々の人間関係では「なぜ？」という質問は一般的に非常に嫌がられます。黙ってやればいいのに、いちいちうるさいやつだと煙たがられるからです。皆さんは「性格悪くなる」という心の準備ができているでしょうか？　ある意味で「性格のよい素直な人」はＷｈｙ型思考には向いていません。

これを端的に物語る事例がノーベル賞物理学者益川敏英氏の「私の履歴書」（『日本経済新聞』二〇〇九年一一月一一日）に出ています。氏が大学時代に結核の初期症状の疑いがあると言われて入院したときのエピソードとしてご本人より次のような話が紹介されます。

「ある日、内科部長が大勢の付き添いを引き連れて、大名行列よろしく回診にきた。その時、私はベッドで一生懸命に計算をしていた。検査回数が2回でも4回でもなく、なぜ3回なのか。その根拠を知りたくて、いくつかの仮定の下に計算していた」

さすが超一流の物理学者だけあって、ここまでは文字通りの見事なＷｈｙ型思考ですが、その後が問題です。

「見とがめた内科部長が、一体何をしているのですか、と聞く。私は検査の信頼性について計算していると答え、『なぜ検査は3回なのか』と尋ねたが、相手は答えられない。

そんなことも分からずにやっているのかとあきれ返り『おまえはばかか』と口走った」

そしてこれも……ものの見事な「性格の悪さ」が出ています（もちろん本当にそうだという意味ではありません）。必ずしもこの一例は「Ｗｈｙ型だから」と片づけてしまうには短絡的と言えるかもしれませんが、間違いなく言えるのは、「なぜ？」という質問は往々にしてうまく扱わないとこういう事態を招くということです。

つまりＷｈｙ型の質問には「使用上の注意」があります。日常生活の中であまりに露骨《ろこつ》に、他人の言ったことに対して理由を問うという行為は一般的に煙たがられます。したがって、**「なぜ？」という質問はまずは「心の中で」問いかけてみる**というのがポイントです。

そう考えると、**誰もが遠慮なく「性格悪く」なれる場というのが読書**です。これは直接的に相手にするのが目の前にいない著者ですから、大いに「性格悪く」なって建設的批判をしながら読むべきだと思います。つまり文字通り「これは本当か疑わしい」という問題提起から始まって、「著者はこう言っているが、自分ならこう思う。なぜなら……」というところまで考えながら読むのが先ほど述べたＷｈｙ型読書に臨む基本的な姿勢と言えるでしょう。

◆全て自分の責任にするから、思考回路が起動する

次のヒントは、**普段感じるストレスのエネルギーをＷｈｙに変える**ということです。

たとえば新商品を開発するときのきっかけとして挙げられるのが、ユーザーの不満からスタートし、その不満がなぜ生じて、どうすれば解決するかを考えるということです。

これと似たような発想を日常業務に取り入れてしまおうというのが「ストレスをＷｈｙに変える」という発想です。たとえば上司の言うことがコロコロ変わって、せっかく苦労して作った資料が全く無駄になったとします。これは「ふざけるな！」とストレスを感じる動機としては十分すぎるほどのものでしょう。

でも、こういう場面を全て「なぜ？」というＷｈｙ型思考へのエネルギーに転換してみるのです。そうすればその心変わりの理由を考えて、その真の根本原因は何なのか、それを事前に察知する方法はなかったか、そのために自分はどういう手が打てたのかと考える習慣がつくばかりでなく、次回からの仕事が明らかに改善していくことでしょう。

「思考回路を転換する」というのは簡単なことではありません。特に意識していないと思

考停止に陥ってしまうという状況をどうやって脱するかというのが難しいので、それを抜け出すために、常に何らかの思考回路を起動するトリガーを作っておくというのがいい対策になります。それを日頃感じる「ストレス」にしてしまうことによって、思考回路を起動するのとストレス解消の一つの手段にしてしまうという一挙両得の効果が得られます。

別の言い方をすると、これはＷｈｙ型思考に変わるためには原因を常に自分に求めるということです。**うまくいかないことがあったときに、それを「環境」や「他人」のせいにした途端に思考が停止します。**これを全て「自分のせい」と考えたときにはじめて「なぜそうなったのか？」「では自分はどうすればよかったか？」ということを真剣に考えるという思考回路が起動するはずです。

たとえば「伝わらないのを相手のせいにする」とか「売れないのを単なる『商品と価格』のせいにする」というのは、原因を自分以外のせいにして思考停止に陥る典型的な例と言えます。思考停止を脱するには徹底的に自分が悪いという姿勢で自らを責め、「悪いのは自分だ」と常に思うという、いわば**「ドＭたれ」**という言い方もできるでしょう。

◆「無精者」のススメ

続いてWhy型思考になるための「心構え」としてお勧めしたいのが、「無精者《ぶしょうもの》であること」です。意外に聞こえるかもしれませんが、**普段から物事を考えている人というのは往々にして生来の無精者が多い**のです。

理由を説明しましょう。What型思考の人というのは来た仕事を順々にこなすことだけを考えています。これは「与えられた一〇〇点満点の答案用紙」にいかに正解を書き込むかという発想だというのは前述の通りです。

これに対してWhy型思考の人というのは、「いかに楽をするか」を考えていて、目の前に来た仕事を「やらずに済ませる」ことを考えるからです。つまりここでの「無精者」とは、常に楽をするために「それ本当に必要なのか?」といつも考えている人のことを言います。

「そもそも○○が必要なのか?　なくてもいいのではないか?」と考えるのはWhy型思考の基本的な考え方です。なぜなら、そう考えた途端に「そもそも○○はなぜなければいけないのか?」というところに考えが及び、これがまさに「なぜ?」という思考回路の起動になるからです。

Why型思考の訓練として「それいらないんじゃないか？」は一つの有効な方法です。

特に何年も前から同じようにあるルールや規則、あるいは設備など、ありとあらゆる身の回りのものにこの言葉をぶつけてみてください。実はよく考えてみると、普段接しているものの多くが「なくても何とかなる」、あるいは「もっといいやり方がある」ものであることに気づくのではないでしょうか。

ただし、この「それいらないんじゃないか？」訓練には「使用上の注意」があります。

それは花火と一緒です。

「危険ですから、直接人に向けないでください」

◆現実逃避も捨てたもんじゃない

「週休三日だったらなあ……」とか、「あの上司が早く転勤になったらなあ……」というような、何の根拠も現実性もない願望は一般に「妄想」とみなされて現実逃避の代名詞のように言われますが、実はこれも「考える」ことからすれば、ある意味有効な「トレーニング」と言うことができます。**「考える」ということの一番の敵は、目の前の現実にあまりにとらわれてしまうこと**だからです。

前項の「それいらないんじゃないか」トレーニングは、「今あるものがないとしたら……」ということに特化したトレーニングでしたが、これは「今ないものがあるとしたら……」とか、（偶然入ったカフェやレストランで）「自分だったらこの店の椅子はこう配置するのになあ……」とか、（街中を歩いていて）「この建物、建て替えるとしたら○○に変えるんだけどなあ……」というふうにさらに拡大解釈して一般化していくと、悪く言えば単なる妄想癖《へき》かもしれませんが、立派な考えるトレーニングとも言えることになります。現実逃避のための妄想に余念がない人は、それを少しだけ前向きのエネルギーに変えてみたらいかがでしょうか。

◆違いがわかるなぜなぜくん、違いがわからないそのままくん

次のヒントは、「Ｗｈｙ型の人にはＷｈａｔ型とＷｈｙ型の区別がつくが、Ｗｈａｔ型の人にはその区別がつかない」ということです。つまり、あなたが周りの人やその考え方を見て、「隣の課の新入社員の発言や仕事のやり方はいつもＷｈａｔ型だ」とか「今度来た○○課長はいつもＷｈｙ型のコメントを返してくる」といったことの「区別」がつくようになれば、それはあなた自身の思考回路がＷｈｙ型になってきたことを意味していま

「Why型」の人には違いがわかる

す。逆の言い方をするとこれがわからないうちは自分自身の思考回路がＷｈａｔ型である可能性が非常に強いと考えてください。

自分の思考回路や行動パターンを変えていくときに周りを十分に観察してそのための「肥《こ》やし」にしていくという姿勢も求められるでしょう。自分自身でこの二つの思考の違いを意識し、行動することによってだんだんと周りも見えてくることでしょう。正確に言うと、Ｗｈｙ型というのは「Ｗｈｙ＋Ｗｈａｔ」型と言えるのかもしれません。あくまでもＷｈｙはＷｈａｔとセットで考える必要があるからです。

◆「答えがない状態」と「考える孤独」に耐えよ

最後になりますが、Ｗｈｙ型思考になるために意外に重要な事項として普段から心がけておくべきこととして「答えがない状態に耐える」、あるいは「慣れる」ということが挙げられるかと思います。

第6章で論じたような教育の弊害からか、私たちは直接的に目に見えるようなＷｈａｔレベルの「答え」がないと不安になってしまう習性があるようです。たとえば本を読んだりセミナーなどのトレーニングを受けたときに、「具体的に明日から自分がどうしたらいいかわからない」という感想を持つことがあるでしょう。そんなときにどう考えるかです。直接的かつ具体的なＷｈａｔが与えられないと行動に移せないというのは、まさに前述の、すぐに食べられるよう親が噛み砕いた餌を待つ巣のひな鳥と一緒ということになります。

何かの問題集をやっていても解き方がわからないとすぐに巻末の答えを見てしまう、あるいはクイズ番組を見ても「正解は来週」などと言われると落ち着かないといった姿勢も全く同じです。本来は、基本となる考え方（Ｗｈｙ）を学んでからそれを具体的な自分の仕事あるいは日常生活での行為（Ｗｈａｔ）に落とし込んでいくということそのものが

「考える」ということです。そのためには**「何となくもやもやとわかっているが具体的な答えになっていない」という状況に遭遇したときに、それをすぐに周囲の人に聞いたり検索エンジンで検索するのではなく、そのもやもや状態を楽しんでいろいろ考えるという姿勢が必要**になってくるのではないかと思います。

ある意味で「考えている」という状態はこうした非常にもやもやとした状態を継続しているということですから、この「正解がない」という状態を不快に思わず、むしろ楽しむという気持ちの持ち方をするというのも、Why型思考になる上での重要な心構えと言うことができるでしょう。

唯一絶対の正解がないと落ち着かないWhat型思考の人には「答えがわかっている」と「わかっていない」の二通りしかありません。つまり〇か一かのデジタル的な思考回路なわけです(だから「もやもや」の状態に耐えられないのです)。これに対してWhy型思考の人にとってみると、程度が違うだけで「もっといい答えがあるはずだ」という一つの状態しかなく、「常にもやもやしている」という点でアナログ的だと言うこともできるでしょう。逆に言えば、このもやもやを考えるためのエネルギーに変えているということです。

また、**「説明に対してすぐに具体例を求める」というのもＷｈｙ型思考を鍛えようと思ったら慎むべき姿勢**です。「具体例がないとわからない」というのは、「十分に噛んでもらったものでないと消化できない」と言っているひな鳥と同じです。自分で咀嚼《そしゃく》し、自分のものにするという、そのギャップを埋めるという行為が「考える」ということですから。

ただし、**他人に説明するときにはこれは前提にすべきではなく、なるべく具体的に「Ｗｈｙ＋Ｗｈａｔ型で」説明するというのが鉄則**です。本書に関しても書き手としては、なるべく具体例も入れて解説しているつもりですが、それはあくまでも本書のＷｈｙのイメージを明確にお伝えしたいという意図でやっているのであって、読者の皆さんが直接的にそれを生かしていただくことだけを意図しているわけではありません。したがってもし本書によって何らかのＷｈｙをつかんでいただいた方は、それと日常のＷｈａｔとのギャップをどうしたらいいかをぜひ自分の力で考えていただきたいと思います。

第7章のまとめ

●Why型思考を身につけるためには、What型思考とは全く異なる考え方で勉強にも取り組む必要がある。具体的な比較は下の表の通りである。

	What型勉強	Why型勉強
学ぶとは…	「覚える」	「考える」
学ぶ姿勢は…	受動的でもよい	能動的でなければ意味なし
問題とは…	与えられるもの	自分で探すもの
アウトプットとは…	「知識そのもの」	「ものの考え方」
「主戦場」は…	「教材」	「頭の中」
トレーニングの「おみやげ」は…	分厚い資料	思考回路の転換（その場の経験）
質問とは…	愚かものがすること	全ての始まり
定型性	定型	非定型
「パターン」の位置づけ	当てはめるもの	見つけるもの
「解答用紙」は?	「テンプレートに埋める」	「白紙に絵を描く」
反復練習の位置づけは…	同じことを繰り返す（量重視）	なるべく違うことをこなす（バリエーション重視）

●これはWhat型の勉強法とWhy型の勉強法の対比を示したもの。

●**読書にもWhy型とWhat型がある。その比較は239ページの表の通り。**

●**Why型思考になるためには以下のような性質が求められる。**

天邪鬼である

「性格が悪い」

全て自分の責任と考える

無精者である

「現実逃避」を企てる

答えがない状態と考える孤独に耐える

第8章

Why型思考の「使用上の注意」

ここまでは時代の流れの要請などからWhy型思考が重要となる場面についてお話ししましたが、ありとあらゆる場面で一〇〇%Why型が有効だというわけでもありません。本書の最後の補足として、What型思考のほうが好ましい場面についても言及したいと思います。

◆What型思考こそが求められるときもある

これまでの各場面でも個別に述べてきましたが、Why型思考の方法を覚えたからといって、四六時中《しろくじちゅう》こればかり使えばよいというものでは決してありません。

たとえばスピードが要求される場合というのがその代表例です。**Why型思考というのは、「そのまま」Whatを実行に移すWhat型に比べて、一度その理由や本質（Why）を考えるために時間がかかる**という欠点があります。こういう場合には「とにかくやれ」というWhat型の発想が求められる可能性もあります。

また、これまで解説してきたように**「あまりの『深読み』は逆効果」**（相手の発言の真意を探る場合）とか、お客様を相手に提案をする場面では、頑固な人に露骨にWhyをぶつけるとムッとされるために**「相手を選ぶ必要がある」**という教訓もあります。また、先に

「性格悪くなりましょう」と過激なことを言いましたが、これもそのまま表に出すのではなく、**頭の中だけで十分性格悪くなって考えるものの、実際に相手に接するときには心に秘めて物事を進めたほうが実際にうまくいくことのほうが多い**でしょう。Ｗｈａｔ型のそのままくんの最大の長所は……人に好かれることですから。

つまり何事も時と場合、相手をわきまえる必要があるということと、「バランスが重要」だということです。ただし今の日本人なり日本の教育にはＷｈｙ型思考の比率が一般的に言って理想より少ないのは確実だと思います。ですから、普段からこちらを強く意識しておくことに間違いはないと思いますが、あえて本章ではＷｈａｔ型思考のメリットやそれが求められる場面について述べておきたいと思います。

◆管理しやすいWhat型、管理しにくいWhy型

Ｗｈａｔ型とＷｈｙ型の使いどころというのを組織運営という観点から見てみましょう。実はＷｈａｔ型思考というのは、上《じょう》意《い》下《か》達《たつ》のピラミッド組織を運営する上では下の人がＷｈａｔ型のほうが管理は簡単であり、組織の上下関係の秩序を維持するのに適したものの考え方です。つまり「上の人の言うことが正しい」という、典型的なＷｈａｔ型の

考え方が役に立つからです。特に組織ピラミッドの下にいる人ほどＷｈａｔ型思考になっていることが求められます。いわゆる体育会系組織というのがＷｈａｔ型組織の典型です。

逆にＷｈｙ型思考の人たちばかりの組織というのは管理や運営が大変になります。何しろ「上の人が言っているんだから」という論理が通用しないわけですから、全ての意思決定に誰もが合理的に納得できるような根拠が必要となってきます。Ｗｈｙ型思考的に考えれば極めて健全ではありますが、時間がかかって仕方がありませんので、下手をすると意思決定の俊敏《しゅんびん》性が失われるリスクもはらんでいます。

つまりピラミッドと序列をベースとしたいわば**Ｗｈａｔ型組織のメリットは、前述の通り秩序を維持しやすいことと意思決定が速いということ**です。組織の秩序を維持するためには一定の割合でＷｈａｔ型の構成員がいるのは必須と言えるでしょう。ただし、現実の組織形態は上意下達型になってはいるものの、実際には環境変化などからＷｈｙ型が求められる状況になっている企業は多いのではないでしょうか。そんな状況でこそＷｈｙ型人間が求められるのかもしれません。

またいずれにしても、この場合でも**「決めるほう」の立場の人はＷｈｙ型でなければな**

らないわけですから、ピラミッド組織でも上に行くほどＷｈｙ型思考が強く求められるというのは間違いないでしょう。そう考えてくると、会社や組織の中で一番Ｗｈｙ型思考が求められるのは他ならぬ社長ということになります。現に社長、特に変革期にある会社で社長になる人というのはＷｈｙ型思考の人が圧倒的に多いのではないかと思います。

管理や秩序の維持がやりやすいのがＷｈａｔ型の組織だとお話ししましたが、逆にこれが過度に行き過ぎた状態が、内向きの管理や統制に過度にエネルギーが割《さ》かれている、いわゆる「大企業病」です。**大企業病への第一歩はＷｈａｔ型思考の人の割合が増えてくるということ**ではないでしょうか。たとえば会社の中で「○○さんが言っているから」とか「マニュアルに書いてあるから」などという言葉が増えてきたら要注意でしょう。

◆「すぐに人に聞く」が求められる場面とは?

やたらに人に教えてもらうのはよくない、インターネットや他人に頼らず自分で考えるべしというのは、本書で繰り返し主張していることですが、実はせっかく発達したインターネットや周囲の有識者を大いに頼る場面というのがあります。それは初期の情報収集の場面です。

どちらの場面かを明確にするためには、日頃の仕事や日常生活における問題解決などの知的活動を切り分けて考える必要があります。ここでは問題解決のための知的アウトプットを出すという知的行為を、①情報収集と、②（集めた情報を使った）情報の加工という二段階に分けます。本書で繰り返し強調してきたのは②の段階のことで、単なる情報収集を問題解決だと思わずにあくまでも①をベースにした②が重要だということでした。

したがって、①の段階では大いにインターネットや他人を頼った情報収集をしてもいいということです。逆に①の段階で一人で思い悩むのは時間の無駄です。**すでにある先人の実績を踏み台にして仮説を立て、そのために必要な情報を収集した上で、その後は絶対にそれらを鵜呑みにせずに十分に自分で考えて結論を出す**という姿勢が重要になってくるでしょう。

◆何事も初心者は「超What型」で臨むべし

ひたすら覚え、ひたすら同じことを繰り返して、「体で覚えてしまう」というのが重要な場面というのもあります。「体で覚えてしまう」というのは、別の言い方をすれば思考停止していても答えが出せる訓練ということです。そういう点で考えれば小学生が学ぶ九九や漢字ドリルなどというのはＷｈａｔ型教育の最たるものなわけですが、**本当の基本となる情報や知識を習得するにあたってはこうしたＷｈａｔ型の教え方というのは逆に有効なのではないかと思います。**

「学ぶとはまねぶ」であり、真似するというのは学習の第一歩であるとはよく言われます。これは何事もはじめて学ぶときの基本の型を習得するのに極めて有効な方法であることは疑いのないところでしょう。ところがこれはある段階までで、ある程度の基本を習得した後には自ら考えてその基本を打ち破っていかなければなりません。

よく言われる「守《しゅ》破《は》離《り》」という言葉もこれを端的に物語っていると言えるでしょう。「守」の段階で必要なのは、教わったことを理屈ではなく体で覚えるというＷｈａｔ的な考え方ですが、そうやって習得した基本的な知識をさらに加工して自分なりのオリジナルなアウトプットを出していくステージ、つまり「破」や「離」の段階では、Ｗｈｙ型に転向していかなければ対応は不可能と言えるでしょう。それも、第6章で述べたように必要なのは「盗むＷｈａｔ型」であって、「教わるＷｈａｔ型」ではありません。

しかし考えてみれば、「盗むＷｈａｔ型」というのは、「誰から何を盗む」かというのを自分で考えなければいけない分、真似するだけと言いながら実は立派なＷｈｙ型なのかもしれません。

◆全ての人がＷｈｙ型になれるのか？　なるべきなのか？

ここまでのお話をしてきて、「本当にあらゆる人がＷｈｙ型になれるのか？」、あるいは「なるべきなのか？」という疑問を持たれた読者の方もいらっしゃるかもしれません。

まずは「全ての人がＷｈｙ型になるべきなのか？」という点について論じてみましょう。確かに世の中の人全てがＷｈｙ型になるというのはあまり現実的な話ではないのかもしれません。世の中には「決められたことをひたすら確実に実行する」という人も必要です。いや、実際にはそういう人たちが多数であるほうがうまくいく可能性が高いのではないかと思います。全ての人たちが「そもそも論」や「あるべき論」ばかりを述べ始めたら、日々の暮らしが回っていかなくなってしまうことでしょう。

ただし、逆にルーチンワークをこなすことだけを考えている人たちばかりでは世の中が全く進歩しないということは、これまで様々な観点で述べてきた通りです。**大多数の人が**

Ｗｈａｔ型のほうがうまくはいくのかもしれませんが、少なくとも今の日本にはＷｈｙ型が少なすぎるというのは間違いないと思います。

では次に「全ての人がＷｈｙ型になれるのか？」について考えてみましょう。まずは「Ｗｈｙ型になる」ための条件をＷｉｌｌとＳｋｉｌｌ、つまりまずはなる意志があるか、あるいはなりたいかということと、なる能力があるかという二つに分けてみます。

たいていの人は「なれるのか？」という言葉から能力の重要度が高いと思われるかと思いますが、能力が影響するのは「どこまで？」という程度の問題ではないかと思います。むしろ、**「そうなりたいか？」という意志の問題のほうが、「なれるか？」には影響する**のではないでしょうか。

これは人生観の問題にも関わってきます。Ｗｈｙ型思考を目指す人と、Ｗｈａｔ型思考のままでも構わないという人の人生そのものに対する考え方は異なっていると考えられるからです。次ページの表を見てください。

一言で言えば、**Ｗｈｙ型思考が向いている人は、前章でも触れたように自己責任を好む人**です。つまり「世界は自分で作るもの」という哲学を大前提に持ち、したがって自分の

表8-1　What型が向く人、Why型が向く人

What型が向く人	Why型が向く人
世界は誰かが決めたもの	世界は自分で作るもの
全て他人に決めてほしい	全て自分で決めたい
その代わり責任も取らない	その代わり責任も取る
だから全て他人と環境のせい	だから全て自分のせい

ことは自分で決め、その代わりに責任も取るという考え方です。やりがいがある代わりにある意味大変な道です。

一方でＷｈａｔ型思考が向いている人は、どうせ自分の人生なんて変えられないんだから、人の言った通りに動いていればいいし、責任もその人のせいという考え方です。したがって、Ｗｈｙ型思考の人は能動的で変化を好むのに対し、Ｗｈａｔ型の人は受動的で保守的です。ある意味いろいろと楽ですが、自己責任型の人から見ればつまらない人生ということになるでしょう。

どちらを選ぶかは、前述の通りよい悪いの問題ではなくて人生をどう生きたいかの問題になってきますが、本書を手に取っている読者の方々は間違いなく前者の考え方を選ぶ人だと思います。なぜなら、後者の人たちは今ごろ居酒屋やネットで会社や上司の不満を言って過ごしているはずですから。

第8章のまとめ

- 必ずしもいつもWhy型思考が正しいとは限らない。
- Why型思考には使用上の注意があり、またWhat型思考もうまく使えば有効である。
- What型思考の人は人に好かれるというのが最大の長所である。
- 組織として管理しやすい対象はWhat型思考の集団である。
- すぐに人に聞くべきことか、自分で考えることかの状況を判断すべきである。
- 何か新しいことを始めるときは、「超What型」で基本を学ぶのが有効である。
- 必ずしも全ての人がWhy型になる必要はない。
- Why型思考が向いている人は、責任も取るが達成感のある仕事をやり遂げたい人である。

おわりに

いつも海外に出るたびに日本のきめの細かい商品、サービスや料理が懐かしくなります。これは必ずしも私が日本人であるからだけではなく、それがユニバーサルな人間の本質に訴えるものだからではないかと思います。

それを証明したのが、世界中を席巻した日本製品です。「真似をして改善する」というモデルで成長したこれらの商品が、いま逆に新興国から「真似されて改善される」という皮肉な結果となっている今、私たちにできることは何でしょうか。その一つのヒントが、本書のテーマでいうＷｈａｔでなくＷｈｙ、つまりカタチでなくココロに目を向けるというところにあるのではないかと思っています。

日本製品が世界中で高い評価を受けたのは、その直接的な性能というＷｈａｔがアピールしたのはもちろんですが、実はその裏にはそのＷｈｙ、つまり「品質に対する要求レベルの高さ」があり、またそのＷｈｙとして「何が人間にとって心地よいか」ということを知り抜いていること、そして「さらにそのＷｈｙ」には日本人が何百年にもわたって育んできた繊細な文化があるのではないかと思います。

Ｗｈａｔのレベルで真似され始めた日本にできること、それはＷｈｙのレベルでの差別化を図るというのが一つの考え方です。それは一〇年や二〇年で簡単に真似できるものではないからです。そのために今求められるのが、Ｗｈｙ型思考を駆使してかつての日本の成功モデルのＷｈｙを問い続けることではないかと思います。

日本の競争力、学力やプレゼンスの低下が報道されるたびに寂しい思いをします。別に「世界を買いあさった」バブル当時の日本がすばらしかったとも思いませんが、日本が常に世界中から何らかの形で一目《いちもく》置かれる私たちの国であってほしいと思います。

「他人を見て行動する」というのはもしかすると（よくも悪くも）日本人のＤＮＡに刷《す》り込まれた性質なのかもしれませんが、「Ｗｈｙ型への転換」は必ず可能だと信じています。何しろ日本人というのは「（目に見えない）空気が読める」人種なのですから。

読者の皆様、最後までお読みいただきましてありがとうございました。

本書は『ＴＨＥ21』（ＰＨＰ研究所）二〇〇九年五月号～一二月号に連載した『Ｗｈｙ型思考のすゝめ』に大幅加筆して単行本化したものです。単行本化に当たってＰＨＰ研究所の吉村健太郎様には、改めて客観的な視点で構成や表現などについてのアドバイスとともにタイムリーなフォローとフィードバックを、また同社中村康教様からは雑誌連載の提案とともに毎月率直な感想をいただきました。本書をここまで導いていただいたご両名に深く感謝致します。

また、日頃お世話になっておりますクライアントの皆様、および株式会社クニエの同僚にこの場を借りてお礼を申し上げます。

最後になりますが、いつも心の支えになってくれる家族に感謝します。

※本書は二〇一〇年にPHP研究所から発刊された『「Why型思考」が仕事を変える』を増補改訂し、改題したものです。

イラスト――新地健郎
図版作成――桜井勝志

PHP
Business Shinsho

細谷 功(ほそや・いさお)

ビジネスコンサルタント、著述家。

神奈川県生まれ。株式会社東芝を経て、アーンスト&ヤング、キャップジェミニ、クニエ等の外資系/日系のグローバル・コンサルティングファームにて業務改革等のコンサルティングに従事した後、独立。

以後、問題発見・解決や具体⇄抽象等の思考力に関する講演や研修を国内外の大学や企業などに対して実施している。

著書に『地頭力を鍛える』『アナロジー思考』『13歳から鍛える具体と抽象』(以上、東洋経済新報社)、『メタ思考トレーニング』『「具体⇄抽象」トレーニング』(ともにPHPビジネス新書)、『なぜ、あの人と話がかみ合わないのか』(PHP文庫)、『具体と抽象』(dZERO)等がある。

PHPビジネス新書 470

Why型思考トレーニング
自分で考える力が飛躍的にアップする37問

2024年3月19日　第1版第1刷発行

著者　細谷 功
発行者　永田貴之
発行所　株式会社PHP研究所
東京本部　〒135-8137　江東区豊洲5-6-52
ビジネス・教養出版部　☎03-3520-9619(編集)
普及部　☎03-3520-9630(販売)
京都本部　〒601-8411　京都市南区西九条北ノ内町11
PHP INTERFACE　https://www.php.co.jp/
装幀　齋藤 稔(株式会社ジーラム)
組版　有限会社エヴリ・シンク
印刷所　株式会社光邦
製本所　東京美術紙工協業組合

ISBN978-4-569-85661-2

「ＰＨＰビジネス新書」発刊にあたって

わからないことがあったら「インターネット」で何でも一発で調べられる時代。本という形でビジネスの知識を提供することに何の意味があるのか……その一つの答えとして「**血の通った実務書**」というコンセプトを提案させていただくのが本シリーズです。

経営知識やスキルといった、誰が語っても同じに思えるものでも、ビジネス界の第一線で活躍する人の語る言葉には、独特の迫力があります。そんな、「**現場を知る人が本音で語る**」知識を、ビジネスのあらゆる分野においてご提供していきたいと思っております。

本シリーズのシンボルマークは、理屈よりも実用性を重んじた古代ローマ人のイメージです。彼らが残した知識のように、本書の内容が永きにわたって皆様のビジネスのお役に立ち続けることを願っております。

二〇〇六年四月

ＰＨＰ研究所